BASTEI
LÜBBE

BASTEI-LÜBBE-TASCHENBUCH
Band 12 735

Originalausgabe
© 1998 by Bastei-Verlag Gustav H. Lübbe GmbH & Co., Bergisch Gladbach
Titelbild: Public Address
Fotos im Innenteil: Public Address, Action Press, All Action, Michael Bussman,
Celebrity, Fairlight, Carsten Herwig, A. Searle, Starfile
Lektorat: Beate Stefer
Satz/Layout: Gisela Kullowatz
Reproduktionen: RPM/Neuwied
Druck und Verarbeitung: Group Hérissey, Évreux
Printed in France, Februar 1998
ISBN 3-404-12 735-8

Robert Westfield

hanson

PLANET MMMBOP

Inhalt

„MMMBop" macht's möglich: Hanson - absolute Superstars und Überflieger

Hanson - das ist der Name des neuesten und strahlendsten Sterns am Musikhimmel. Viele Insider des Musikgeschäfts vergleichen den Erfolg der jüngsten Pop-Sensation Hanson schon mit dem der Bee Gees, der Jackson 5, sogar der Beatles. Sicher ist, daß das Superalbum „Middle of Nowhere" zu den am meisten verkauften CDs des ganzen Jahres 97 gehört.

Hanson - das sind drei Brüder aus Tulsa, Oklahoma. Isaac Hanson, der Gitarrist der Band und der älteste (geboren am 17. November 1980) des Trios, ein richtig lieber Junge, der trotz seiner Zahnspange (!) wahnsinnig gern lächelt; Taylor Hanson spielt Keyboards, ist am 14. März 1983 geboren und zweifellos der am besten aussehende Teen-Star zur Zeit. Er ist scheu, fast schüchtern; und dann Zachary Hanson, genannt Zac (geboren am 22. Oktober 1985). Der Jüngste ist der Schlagzeuger von Hanson, der ewig energiesprühende kleine Bruder, der nie sitzen bleiben kann, immer zu Späßen aufgelegt ist. Er wird von seinen beiden Brüdern als „total ausgeflippt" bezeichnet. Sie nennen ihn „Animal", nach dem verrückten Drummer der Muppet Show.

Andere Teen-Bands werden von Managern und Plattenfirmen zusammengebaut. Gutaussehende Boys werden manchmal sogar weltweit gesucht und zu einer Band zusammengeschweißt. Bei

Hanson ist alles anders. Hanson kamen so auf die Welt, wie sie heute auf der Bühne stehen. Hanson, die neuen Charts-Stürmer aus den USA, sind eine echte Familienshow! So etwas gab's bisher nur bei der Kelly Family oder früher bei den legendären Jackson 5 - und die sind heute nur noch deshalb so bekannt, weil Megastar Michael Jackson damals mit seinen Brüdern sang. Im Gegensatz zu den Kellys ist die Musik, mit der die drei Hanson-Brüder ihre Fans in der ganzen Welt zu wahren Begeisterungsorgien hinreißen, viel fetziger, viel rockiger. Isaac, Taylor und Zac spielen ihre Instrumente selbst. Auch das ist ein riesiger Unterschied zu anderen Teen-Stars. Hanson verzichten auf ballettartige Tanzeinlagen. Den Brüdern genügt ihre Musik. Ihre gängigen Popsongs bezaubern Menschen von sieben bis siebzig.

Zu ihren Fans gehören Millionen und Abermillionen von Teenagern in Amerika, Europa, Asien, Afrika und Australien. Aber auch Berühmtheiten wie eben Michael Jackson und Madonna, der amerikanische Präsident Clinton (und dessen Tochter Chelsea natürlich!), und auch die leider so tragisch ums Leben gekommene Prinzessin Diana. Aerosmith-Sänger Steven Tyler hört gern ihre Songs, und auch Bono von der Band U2 ließ sich die Hanson-CD „Middle of Nowhere" sofort nach ihrem Erscheinen zuschicken.

Wie kommt es, daß so viele unterschiedliche Menschen, jung und alt, Rock- und Pop-Fans, ausgerechnet auf drei Jungs aus Oklahoma fliegen?

Was macht den Supererfolg einer Band von drei netten

Brüdern aus?

Warum kommen drei so junge Brüder bei vielen Menschen so toll an?

Wie haben sie es so schnell so weit gebracht?

Eigentlich liegen die Gründe klar auf der Hand - Hanson sind Fun! Sie sind ehrlich! Sie lassen sich nichts vorschreiben! Und sie singen die besten Pop-Songs, die es zur Zeit gibt!!!

Noch nie stieg eine neue Teen-Band so schnell zu Superstar-Ruhm auf wie Hanson. Für die meisten kam der Erfolg von Hanson wirklich überraschend. Nicht einmal ein halbes Jahr verging zwischen der Unterschrift auf dem Plattenvertrag und den Begeisterungsstürmen von Zigmillionen Fans in der ganzen Welt! Viele Insider im Showgeschäft vergleichen den kometenhaften Aufstieg Hansons sogar mit dem der Beatles vor über 30 Jahren.

Selbst der Herkunftsort der Hansons, Tulsa, ist ungewöhnlich. Normalerweise kommen Superstars aus Orten wie London, New York, Los Angeles oder Miami. Doch Hanson kommen aus der tiefsten Provinz Amerikas - aus Oklahoma! Für die Talent-Scouts der großen Plattenfirmen war das schon Grund genug, den Brüdern, die bei ihnen anklopften, die Tür ins Gesicht zu knallen. Doch das bereuen heute alle, die Hanson damals nicht wollten.

Denn heute gehören Isaac, Taylor und Zachary Hanson zu den Überfliegern, den heißesten Superstars, den Mega-Sellern in der Musik.

Und dies ist ihre Geschichte...

Hysterie um die drei Brüder

Das Konzert der Hansons im Universal City Walk in Los Angeles

Los Angeles
10. Mai 1997

Auf dem Platz im City Walk der Universal Studios schreien fast zweitausend Fans nach der heißesten Band des Jahres: Hanson. Nach ihren Superhits „MMMBop" und „Where is the Love?" gehören die drei Brüder aus Tulsa, Oklahoma, zu den beliebtesten und gefragtesten Stars in Amerika. In der kleinen Garderobe, ein Stockwerk über den hysterisch kreischenden Teenagern, knabbert der siebzehnjährige Isaac Hanson nervös an seinen Fingernägeln. Ike - das ist Isaacs Spitzname -, Taylor und Zachary werden in einer knappen halben Stunde auf einer extra für sie aufgestellten Bühne auftreten. Ihr erster Auftritt in Los Angeles! Klar, daß der sonst so coole Isaac nervös ist. Seinem kleinem Bruder Zac - so nennen die Brüder den Jüngsten der drei Hansons - ist die Aufregung nicht anzumerken. Zac ist gerade mal eben 12 Jahre alt. Er hat sich die Kopfhörer seines DiscMan über den Kopf gestülpt und hüpft gutgelaunt über Koffer, Gitarren und Stühle im Umkleideraum der Band. Mit seinen Trommelstöcken spielt er auf allem rum, was in dem winzigen Raum einigermaßen gut klingt. Dazwischen hechtet der Kleine immer wieder zum Tisch und stopft sich ein paar Pommes frites mit Ketchup in den Mund.

Nur Taylor scheint die Ruhe selbst zu sein. Tay (15 Jahre) - so nennt er sich selber - sitzt ganz in sich zusammengesunken auf einem Klappstuhl in der Ecke des kleinen Raumes. Die Hände mit den schlanken Fingern liegen an seinen Wangen. Seine langen blonden Haare verdecken sein hübsches Gesicht. Mit langsamen, rhythmischen Bewegungen schwingt er auf dem

Stuhl hin und her. Im Takt einer Musik, die nur er hören kann.

Bis vor wenigen Minuten gaben die „Hit Brothers", wie sie von einigen Kritikern in den USA schon genannt werden, noch Interviews und ließen sich für amerikanische Zeitschriften fotografieren. Und kurz davor standen sie bei einer superanstrengenden Pressekonferenz vor den laufenden Kameras vieler US-Fernsehstationen.

„Lächelt ein bißchen!" rief einer der Fotografen den Jungs bei der Fotosession zu. „Das macht euch doch alles Spaß, oder?"

Und ob! Trotz aller Strapazen, die Berühmtsein mit sich bringt, fühlen sich die drei Hansons spitze als Stars. „Das muß mir keiner sagen", flüsterte Zac zwischen dem Blitzlichtgewitter. „Das ist zwar ganz schön anstrengend heute, macht aber unheimlich Spaß. Schon wenn man morgens aufwacht!" Deshalb standen sie den unzähligen Reportern auch geduldig Rede und Antwort. Und lächelten bereitwillig in die vielen Dutzend Kameras der Fernsehstationen, die zur ersten Show von Hanson erschienen waren.

Doch nun sind sie allein, kurz vor ihrem Auftritt in Hollywood, Los Angeles, der Hauptstadt der Unterhaltungsbranche, und warten auf ihre 'Showtime'. Ein paar Minuten Ruhe brauchen sie, um sich auf ihren Auftritt zu konzentrieren.

Da geht die Tür auf.

„Zehn Minuten bis zum Auftritt! Macht euch fertig, Jungs", ruft ein großer, eleganter Mann mit dichten, dunklen Haaren und einem Schnauzbart in den Raum. Es ist Walker Hanson, der Vater der drei Brüder, der immer und überall mit dabei ist. Vater

Hanson sieht sich ruhig im Raum um, denn er will herausfinden, ob seine Boys noch irgend etwas brauchen.

Aber alles ist top in Ordnung. Isaac scheint erleichtert, daß es endlich losgeht. Er steht auf und steckt sich sorgfältig kleine gelbe Plastikstöpsel in die Ohren. Geräuschdämpfende Ohrschützer!

„Beim Konzert tragen wir die Dinger immer. Nicht weil unsere Musik so laut ist. Nee, die Fans kreischen so laut, daß wir sonst gar nichts mehr hören würden!" sagt Ike, lacht verlegen und zuckt mit den Schultern. Dann klopft er Taylor auf die Schulter. Der wirft seine blonden Haare zurück und öffnet die Augen. Isaac sieht sich um und greift nach seiner Gitarre, auf der er vor Konzerten immer noch ein paar Akkorde übt. Zac ist auf einmal doch ganz aufgeregt. Er kann nämlich sein Megaphon nicht finden. Und ohne sein knallrotes Megaphon geht Zac nie auf die Bühne. Dabei braucht seine Stimme eigentlich gar keine Hilfe. Obwohl er nur zwölf ist und seinem ältesten Bruder gerade mal bis ans Kinn reicht, kann der kleine Zac brüllen wie ein ausgewachsener Weltmeister.

„Das Ding verzerrt meine Stimme, und ich klinge wie bei einer Polizeidurchsage. Als würde ich aus einem Hubschrauber ins Publikum brüllen. Irre!" klärt er auf. „Außerdem sieht es unheimlich cool aus!" Dann stopft er sich noch mal ein paar Pommes in den Mund und rülpst laut.

„Jetzt weißt du, warum wir ihn Animal, also das Tier, nennen!" Isaac lacht.

Zac rülpst wieder, diesmal noch lauter, und sagt: „Stimmt nicht, ich heiße Animal, weil ich so bin wie die Figur aus der Muppet Show!"

13

Unten auf der Universal Plaza, umringt von riesigen Kinos, knallbunten Shops und Super-Cafes, stehen die Fans schon seit über fünf Stunden und warten auf ihre Lieblinge. Und das, obwohl alle wissen, daß der heutige Auftritt auf dem riesigen Platz des Universal-City-Studio-Vergnügungsparks in Los Angeles nur eine knappe halbe Stunde dauern wird! Für ein längeres Konzert haben die Veranstalter auf dem öffentlichen Platz keine Genehmigung erhalten. Den Hanson-Anhängern ist das egal. Sie wollen nur endlich ihre „Wonder Boys" sehen. Außerdem: Hanson verlangen für die Show keinen Eintritt! Seit einer Stunde steigert sich also das Geschrei von unten ständig. In der Garderobe kann man sein eigenes Wort fast nicht mehr verstehen.

Aber jetzt ist es wirklich soweit - zwei riesige Bodyguards holen die Brüder ab, um sie nach unten zu bringen. Zac hat endlich sein Megaphon gefunden. Taylor klemmt sich eine Riesenflasche Wasser unter den Arm, und los geht's.

Vom Gang vor der Tür kann man auf den Platz unten sehen.

„Hey, wollt ihr alle mit uns 'ne Party feiern?" brüllt Zac durch seine 'Flüstertüte' über die Balustrade der wartenden Menge zehn Meter unter ihm zu. Tausende von Augen starren nach oben. Dann erkennen die Fans ihre Idole. Die Menschenmasse kommt in Bewegung, das Schreien wird zu ohrenbetäubendem Lärm.

„Seid ihr bereit für Hanson?" fragt Zac sie. Er ist so klein, daß nur sein Kopf über dem Geländer hervorragt.

Ein unglaubliches „Yeah!" kommt von den Tausenden zurück.

„Okay, dann kommen wir jetzt!" schreit Zac durchs Megaphon. Er dreht sich zu seinen Brüdern, ruft „Jetzt geht's los!" und

Isaac **live !!!**

rennt die graue Treppe nach unten, dahin, wo die Bühne steht.
  „Cool, die liegen uns alle zu Füßen!" Isaac lacht. Seine
Nervosität von vorhin ist verflogen. Auch Taylor lacht, winkt
den Fans noch schnell von oben zu und rennt seinen Brüdern
hinterher.

Und dann stehen Hanson endlich auf der Bühne. Die Security-Männer mit ihren gelben T-Shirts haben alle Hände voll zu tun, die Fans von der winzigen Bühne fernzuhalten. Alle wollen so nah wie möglich an die Band kommen, um besser sehen zu können. Denn die Bühne ist nicht nur klein, sondern auch ziemlich niedrig, die Zuschauer können Hanson also gar nicht so toll sehen. Aber die Jungs wollen es so. Hanson wollen auf engster Tuchfühlung sein mit ihrem Publikum.

„Am liebsten wäre es mir, wenn wir mitten unter den Leuten spielen könnten!" ruft Ike.. Und das tun sie nun auch! Ihre Fans sind keine zwei Meter von ihnen entfernt. „Wir brauchen nicht soviel Platz bei unserer Show! Wir sind ja keine tanzenden Hampelmänner, sondern wir machen Musik."

Außer den drei Brüdern haben gerade noch drei Musiker Platz auf dem Podium. Alles ist ziemlich eng, und die Fans drängeln sich immer näher an die Bühne ran. Außerdem ist es unheimlich heiß! Es ist zwar noch Frühling in Los Angeles, aber die Temperaturen erreichen in Kalifornien tagsüber schon dreißig Grad. Und weil die Show um 17.00 Uhr beginnt, steht die Hitze wie Blei auf dem mit Menschen vollgefüllten Platz. Die riesige Menge wogt fast auf die kleine Bühne. Einige der Sicherheitsbeamten machen ernste Gesichter, aber die Zuschauer sind alle ganz toll drauf. Die meisten tragen Hanson T-Shirts, viele halten Fotoposters von ihren Lieblingen in die Luft. Überall kann man selbstgeschriebene Plakate sehen.

„Hanson sind Top!", steht auf einem, „Taylor hat es! I love you!" auf einem anderen. Oder: „For Zac! We love you forever!"

Die Brüder stehen auf die Liebesschwüre ihrer Fans. Isaac liest fast jedes der Schilder, lacht und zeigt seinem Bruder das ein oder andere, das ihm ganz besonders gefällt. Und dann fliegen auf einmal Stofftiere auf die Bühne. Noch bevor die Band einen einzigen Ton gespielt hat, liegt schon ein gutes Dutzend Kuscheltiere auf dem Podium. Nun beginnen die Zuschauer mit ihren Sprechchören! Von den Wänden der umliegenden Gebäude hallen die Namen der drei Hanson-Brüder wider, viele in der Menge singen auch den Refrain von „MMMBop", obwohl Hanson noch keinen Ton gespielt haben. Auf der Wand eines Shops hinter der Bühne läuft eine elektronische Anzeigetafel:

„Los Angeles heißt Hanson willkommen! Los Angeles heißt Hanson willkommen! Los Angeles heißt Hanson willkommen..."

Zac hat sich schon hinter sein Schlagzeug geklemmt. Selbst wenn man genau vor der Bühne steht, kann man den kleinen Hanson hinter den Drums kaum erkennen. Aber hören kann man ihn dafür um so besser:

„Hallo, Los Angeles!"

Als Antwort schallt ein riesiger Aufschrei aus zweitausend Kehlen zurück.

„Seid ihr alle bereit für unsere Party?" fragt nun Isaac die Menge. Und wie die bereit sind!

Darauf haben die Boys gewartet! Mit einem lauten Schrei greift Ike Hanson in die Saiten, und die drei Brüder beginnen ihre Show mit dem fetzigen Rocksong „A Minute Without You" (auf deutsch: Eine Minute ohne dich). Isaacs Stimme hallt hell und klar über den Platz. Als hätten die Zuschauer nur auf den Song gewartet, singt die ganze Menge mit. Die Mädchen, die den Text nicht auswendig kennen, singen beim Refrain eben nur laut „Lalalalala". Das gefällt ganz besonders Taylor, der sich auf der Bühne vor Lachen fast ausschüttet. Während des Songs hüpfen zweitausend Bodies auf und ab, fast könnte man glauben, es gäbe mal wieder ein Erdbeben in Los Angeles!

Doch die Band läßt nicht locker. Kaum ist der letzte Akkord von „A Minute..." verklungen, fetzen sie gleich weiter mit ihrem neuesten Hit: „Where's the Love?" (deutsch: Wo ist die Liebe?). Da können sich die Fans nicht mehr halten. Viele der Mädchen vor der Bühne werden ohnmächtig und müssen von Sanitätern weggetragen werden.

Selbst die eingefleischtesten Manager werden da weich. „So was habe ich seit den New Kids on the Block nicht mehr gesehen!" murmelt ein älterer Herr in einem hellen Anzug aus sicherer Entfernung hinter der Bühne und schüttelt den Kopf. „Das ist so wie damals bei den Beatles!" stimmt ihm eine ältere Dame zu, die mit ihrem 15jährigen Sohn zum Hanson-Konzert gekommen ist. „Toll!" fügt sie noch strahlend hinzu.

Jetzt stimmen Hanson „Madeline" an, und von den Fans bleibt keiner mehr ruhig stehen. Im Takt der rockigen Ballade schwingt sich die Menge hin und her. Das Gedränge vor der Bühne nimmt nun doch bedrohliche Formen an, die Security Guards haben Schwierigkeiten, die vielen Girls von der Winz-Bühne zurückzuhalten. Da spricht ausgerechnet der kleine Zac ein Machtwort - durch sein Megaphon natürlich!

„Seid doch so gut und tretet alle einen Schritt zurück, sonst können wir hier nicht mehr weitermachen!"

Und was denkt man, was passiert? Alle Fans gehen ganz friedlich einen Schritt zurück, und die Security kann wieder ein bißchen aufatmen. Erstaunlich!

„Okay! Thank You!" bedankt sich Zac und legt sein Megaphon auf die Drums.

„Dafür, daß ihr alle so cool mitmacht, legen wir noch 'MMMBop' drauf!" gibt Taylor durchs Mikrophon bekannt.

Darauf haben die Zweitausend nur gewartet. Aber das ist natürlich auch ein Spielchen, das die Band da spielt. Kein Fan hätte Hanson von der Bühne gelassen, ohne daß sie ihren Riesenhit gespielt hätten. Kaum hat der hübsche Tay das Wort 'MMMBop' ausgesprochen, bricht dann auch die absolute Hysterie los! Und als die Band dann loslegt, singt auch wirklich jeder der Zuschauer den Refrain mit. Selbst der besorgte Manager hinter der Bühne und die Mutti, die ihren Sohn begleitet, kennen den Text des super-coolen Hit-Songs.

Vor der Bühne ist nun wirklich die Hölle los. Und es ist ganz gut, daß die Band nur ein kurzes Konzert geben darf. Denn das Gedränge wird doch etwas gefährlich. So ist „MMMBop" der letzte Song der Show.

„Leider müssen wir jetzt Schluß machen!" ruft Zac hinter seinem Schlagzeug in die Menge.

Doch die Fans wollen ihre Band natürlich noch nicht gehen lassen. Klar! Sie wollen noch viele der tollen Songs der Band hören, also lassen sich die Brüder überreden, nochmal zwei, drei Akkorde von „MMMBop" zu spielen, aber dann müssen sie unter dem Schutz ihrer Bodyguards ganz schnell den Platz verlassen, sonst könnte es wirklich noch zu ernsten Zwischenfällen kommen! Und die muskulösen Leibwächter haben wirklich alle Hände voll zu tun, die total aufgeheizten Zuschauer von ihren Lieblingen fernzuhalten.

Nicht nur die Zuschauer sind hingerissen; die Begeisterung

der Brüder über ihre Anhänger ist so groß, daß sich der sonst schüchterne Taylor zu einer Überraschung hinreißen läßt - er schnappt sich Zacs Megaphon und ruft von der Treppe zur Garderobe in die tobende Menge unter ihm: „Aber wir versprechen euch, wir kommen ganz bald wieder, und dann geben wir eine richtig große Show mit mehr Songs als heute. Bis dann - bye, bye!"

Alle drei Hanson-Brüder winken ihren Fans zu. Unten auf dem Platz singt die Menge immer noch den Refrain von „MMMBop".

In ihrer Garderobe reißen sich die Brüder ihre total verschwitzten Sachen von den Körpern und sinken erschöpft in die schweren Ledersessel.

„Mann, ich kann das immer noch nicht begreifen. Gestern kannte uns noch niemand, wir waren totale Nobodys. Und heute so ein Auftritt. Unsere Bodyguards mußten uns von der Bühne retten!" schwärmt Ike.

Auch Tay ist wie erschlagen, aber glücklich. „Ich kann's nicht glauben!" Er lacht. „Die Fans sind super-toll!"

Unten auf dem Platz ist immer noch Party angesagt. Die Fans wollen sich nicht von ihren neuen Super-Stars trennen. Obwohl die drei Brüder die Bühne

schon längst verlassen haben, tanzt die Menge immer noch nach dem Rhythmus von „MMMBop" - nur daß dieses Mal die Fans die Musik selber machen.

„Jedesmal, wenn ich sie sehe, drehe ich fast durch!" sagt die 15jährige Michelle Davis vor der jetzt leeren Bühne. „Sie sind so irre, ich kann's nicht fassen!"

„Sie sind die totalen Sexsymbole!" pflichtet ihre hübsche blonde Freundin ihr bei. Keiner der Hanson-Fans will den City Walk verlassen. Auf einmal geht auf dem Platz um, daß die Boys im 'Sam Goodys' Plattenladen auf der Plaza Autogramme geben werden. Alles stürmt in den gigantischen Musik-Shop. Dort ist man schon sehr gut auf den Ansturm vorbereitet - alle müssen sich fein säuberlich in Reih und Glied aufstellen. Vorher kaufen sich die meisten noch schnell die MMMBop-Single oder die CD von Hanson - manche sogar, obwohl sie beides schon zu Hause haben -, damit die Stars ihre Unterschriften direkt auf die Silberscheiben schreiben können. Alle warten nun auf Hanson - zum zweitenmal an diesem Tag!

Währenddessen sitzen Ike, Tay und Zac nach ihrem anstrengenden Auftritt in der Garderobe und versuchen, Luft zu holen. Selbst das Energiebündel Zac muß sich erst mal wieder von der

Anstrengung des heißen, superschnellen Gigs erholen. Sie wissen, daß sie in ein paar Minuten wieder runter müssen - die Autogrammstunde!

Aber jetzt muß erst mal Wasser her!

Die Hitze und der Auftritt haben die Jungs total ausgetrocknet, und alle drei schütten Wasser in sich rein. Zac reicht es nicht, das Wasser zu trinken - er steht neben dem Kübel, in dem die Wasserflaschen auf Eis liegen, greift sich eine Flasche und kippt sich das kühle Naß voll über den Kopf. Sein Vater, der still in der Ecke steht, lacht leise vor sich hin, als Zac sich entschuldigend umsieht.

Zac wußte, daß er etwas gemacht hat, was sich eigentlich nicht gehört. Aber als er sieht, daß sein Vater Verständnis für seine Aktion hat, zuckt er mit den Schultern und sagt: „Na ja, wenigstens sind die Ledersessel nicht naß geworden!"

Ike, Tay und der freche Zac haben noch ein bißchen Zeit bis zu ihrer Autogrammstunde und können sich ausruhen, aber die Jungs finden ihre Energie schneller wieder als gedacht. Als erster ist Zac fit - natürlich! Aber auch Ike kommt schnell wieder auf die Beine.

„Na, sind die da unten schon bereit für uns?" fragt Zac und ist selbst längst schon wieder bereit für neue Taten. Aber Walker Hanson läßt seine Söhne noch nicht wieder raus - eine halbe Stunde Pause müssen sie einhalten, sonst würde die Gesundheit leiden. Also muß sich auch Zappelphilipp Zac noch gedulden. Doch dann dürfen sie wieder zu ihren Fans.

Als die drei den Musikladen durch eine Hintertür betreten, droht das Gekreische der Hunderte von geduldig ausharrenden Fans die Wände des klimatisierten Shops zu sprengen. Die

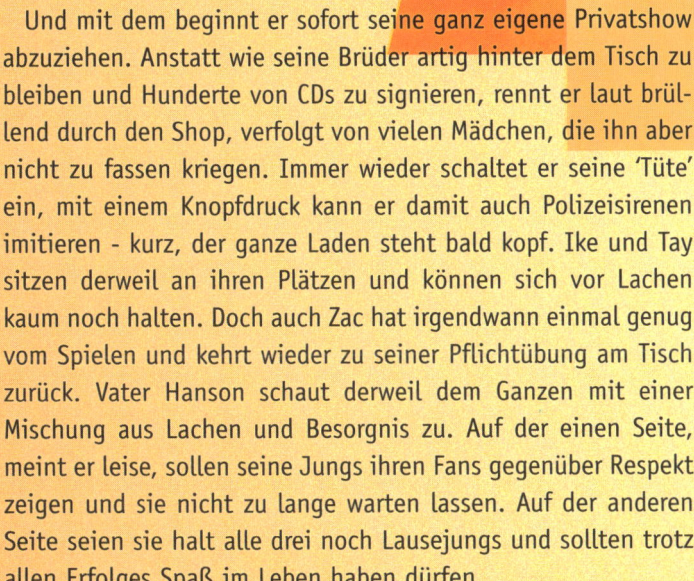

Hände hoch über die Köpfe erhoben, gehen die drei Brüder winkend im Gänsemarsch auf den kleinen Tisch zu, der in einer Ecke von 'Sam Goody' für sie bereit steht

Zac natürlich voran!

In der Hand hält er - was wohl ?

Sein Megaphon!

Und mit dem beginnt er sofort seine ganz eigene Privatshow abzuziehen. Anstatt wie seine Brüder artig hinter dem Tisch zu bleiben und Hunderte von CDs zu signieren, rennt er laut brüllend durch den Shop, verfolgt von vielen Mädchen, die ihn aber nicht zu fassen kriegen. Immer wieder schaltet er seine 'Tüte' ein, mit einem Knopfdruck kann er damit auch Polizeisirenen imitieren - kurz, der ganze Laden steht bald kopf. Ike und Tay sitzen derweil an ihren Plätzen und können sich vor Lachen kaum noch halten. Doch auch Zac hat irgendwann einmal genug vom Spielen und kehrt wieder zu seiner Pflichtübung am Tisch zurück. Vater Hanson schaut derweil dem Ganzen mit einer Mischung aus Lachen und Besorgnis zu. Auf der einen Seite, meint er leise, sollen seine Jungs ihren Fans gegenüber Respekt zeigen und sie nicht zu lange warten lassen. Auf der anderen Seite seien sie halt alle drei noch Lausejungs und sollten trotz allen Erfolges Spaß im Leben haben dürfen.

Aber Pflicht ist Pflicht. Fast zwei Stunden schreiben Zac, Ike und Tay geduldig ihre Namen auf alles, was ihnen unter die Nase gehalten wird, bis endlich auch der letzte Fan zufrieden

und glücklich mit einem Autogramm der drei neuen Superstars Universal City verläßt.

Die Hanson-Story

So fing alles an

Angefangen hatte alles für Isaac, Taylor und Zachary vor vielen, vielen Jahren in Oklahoma. Vor fast sechs Jahren, um genau zu sein. Aufgewachsen waren die drei Brüder in Tulsa, einer eher verschlafenen Stadt im Süden der Vereinigten Staaten. Tulsa ist eine alte Western Stadt wie aus dem Kino. Noch am Anfang dieses Jahrhunderts zogen hier riesige Viehtrecks durch die Stadt, und die dazugehörenden Cowboys machten auf der Durchreise Tulsa unsicher. Schießereien gehörten in den Saloons - und selbst auf den Straßen - zum Alltag. Dann wurde 1901 Öl gefunden, und die Stadt erlebte einen ungeheuren Aufschwung. Das schwarze Gold brachte Wohlstand in Tulsa - und mehr gesetzlose Abenteurer. Damals lebten ein paar tausend Einwohner in der wilden Stadt am Arkansas River, heute sind es über 400.000!

Trotzdem ist in Tulsa immer noch ein bißchen Wilder Westen geblieben. Und die Einwohner sind stolz darauf. Hier tragen die Männer auf der Straße immer noch Cowboyhüte, kauen Tabak, fahren aufgemotzte Mustangs, Chevrolet Camaros oder staubige Pick-up-Trucks. Die Pferde haben sie zwar heute meistens mit Harley-Motorrädern getauscht, aber die Mentalität ist gleichgeblieben - die Leute aus Tulsa sind unbeugsame und im tiefsten Inneren rauhe Cowboys, aber gleichzeitig sind sie auch freundlich und heißen Fremde gern willkommen. „Southern

Hospitality" nennen sie das - die Gastfreundschaft des Südens.

Die Lieblingssportart in Oklahoma ist American Football, die zwei Teams der (befeindeten) Universitäten in Oklahoma füllen bei ihren Spielen im Herbst die Stadien mit fast 100.000 Besuchern. Eine dieser Unis sitzt übrigens in Tulsa.

Die Einwohner von Oklahoma sind konservative Leute. New York oder Los Angeles sind weit weg, und die Bewohner von Tulsa rümpfen die Nasen über die chaotischen Großstädte und vor allem über die Kriminalität dort. Sie lieben ihre Stadt, halten die „alten Werte" hoch, lieben die alten Traditionen und sind gottesfürchtig. Behaupten sie jedenfalls. Immerhin: In Tulsa sind Sonntag morgens die Kirchen voll. Familien halten zusammen in Tulsa, Oklahoma. Da sind die Hansons keine Ausnahme.

Hier also lebten die Hansons viele Jahre und auch heute wieder. Isaac und Taylor kamen hier zur Welt (Zac wurde übrigens in Virginia geboren!) und wuchsen in Tulsas heiler Welt auf. Die Eltern der Hanson-Brüder, Diana und Walker, kannten sich schon in der High School. Beide liebten sie Musik und spielten auch in College Bands zusammen und sangen im demgleichen Gospel-Chor. Vater Walker arbeitete bei einer der großen Ölfirmen in Tulsa, und Mutter Diana war Musiklehrerin. Das erklärt vielleicht auch das Talent ihrer sechs Kinder - Ike, Tay und Zac sind nämlich nicht die einzigen Kinder im Haus. Die Hansons sind eine große Familie.

Unsere drei Brüder haben noch drei weitere Geschwister - zwei Schwestern, Jessica (8 Jahre) und Avery (6 Jahre). Außerdem gibt's da noch einen ganz kleinen Bruder, Mackie, der drei Jahre alt ist und beginnt, seinen Brüdern Konkurrenz zu machen. „Mac ist ein toller Drummer", schwärmt Taylor über seinen kleinsten Bruder. „Jetzt schon. Der wird Zac mal das Leben schwermachen."

„Gott sei Dank ist er noch viel zu jung!" sagt Zac und stöhnt im Spaß. Denn auch Zachary liebt seine Geschwister über alles. Wie gesagt, Familienzusammenhalt ist unheimlich wichtig in Tulsa. Auch die anderen Hanson-Geschwister sind talentierte Musiker. Vielleicht wollen sie ja auch mal bei ihren älteren Brüdern mitspielen?

„Das könnte ich mir ganz gut vorstellen", sagt Ike. Die Brüder haben es ihren Schwestern sogar schon mal angeboten. Aber für den Augenblick sind die Hanson-Girls noch zu jung, vom kleinen Mac ganz zu schweigen. „Ich glaube aber eher, daß sie ihre eigenen Sachen machen wollen, wenn sie mal alt genug sind", meint Ike. „Aber, wie gesagt, wenn sie mit uns rauswollen - von uns aus alles klar!"

Jahrelang lebten die Hansons glücklich in Tulsa. Sie wohnten in einem kleinen Haus südlich der Stadt, mit einem kleinen Garten und ein paar Bäumen. In einem der Bäume baute Vater Hanson ein kleines Baumhaus für seine Söhne. Als Zachary groß genug war, um auf die Bäume zu klettern, wurde das Baumhaus zu seinem absolut liebsten Fluchtort.

„Der einzige Platz, an dem er stillsitzen konnte!" erinnert sich Bruder Ike.

Nach einer langen Zeit der Wanderschaft sind die Hansons 1989 wieder nach Tulsa zurückgezogen. Sie leben heute in einem etwas vornehmeren Westteil der Stadt, aber einen Garten haben sie auch wieder, und wieder ist ein Baumhaus in einer der Baumkronen versteckt. Wenn ihm alles zuviel wird, verkriecht sich der kleine Zac auch heute immer noch gern in das Baumhaus.

„Der hat da die beste Comic-Sammlung versteckt, die du dir vorstellen kannst", plappert Ike aus. „Wetterdicht verpackt!"

„Vielleicht noch ein paar Sachen mehr! Uns läßt er ja nicht mehr rein!" scherzt Tay und erntet einen kräftigen Knuff von seinem jüngeren Bruder für die Bemerkung.

Als die Brüder noch sehr jung waren, packten die Hansons ihre Sachen und zogen erst einmal nach Südamerika, weil Walker Hanson von seiner Firma dorthin versetzt worden war. Wie gesagt, arbeitete Walker Hanson bei einer Erdölfirma, genauer gesagt, war er dort zum Schluß der Direktor für Internationale Finanzen. Und in dieser Funktion wurde er ins Ausland versetzt. Daß dieser Tag irgendwann kommen würde, wußten die Hansons, und sie waren gut darauf vorbereitet. Vater Hanson ist es nie in den Sinn gekommen, allein dorthin zu reisen. Nein, wenn einer ging, dann gingen alle, das war klar. Familienzusammenhalt eben!

Für die Familie, ganz besonders für die Kinder, war der Umzug in so fremde Länder natürlich eine riesige Umstellung. Die älteren Hanson-Brüder ließen ihre Freunde in Tulsa zurück

und mußten sich auf total andere Kulturen einstellen.

„Das war ziemlich komisch, damals", erinnert sich Isaac. „Es war eine ganz andere Sprache, und die Sitten dort unten waren uns allen ziemlich fremd."

Und was war mit der Schule, könnte man sich fragen. Sind den Hanson-Brüdern etwa all die anstrengenden und manchmal auch langweiligen Mathe-, Geschichts- und anderen Schulstunden erspart geblieben? Nichts da! Auf die schulische Ausbildung ihrer Kinder haben die Eltern großen Wert gelegt. Kurzerhand nahm vor allem Diana dies in die Hand.

„Damals begannen unsere Eltern, uns Unterricht zu geben", sagt Ike.

Das war zwar ganz angenehm, aber nicht so toll, wie man sich das vorstellen sollte. Denn Ma und Pa Hanson waren - und sind es heute noch! - ziemlich strenge Lehrer. Sie unterrichteten ihre Jungs in allen Fächern, die auch alle anderen Kinder büffeln mußten. Und Diana war eine gute, aber eben auch strenge Lehrerin: bei Prüfungen schummeln war nicht drin!

Jeden Tag saß die Familie über den Büchern und paukte, was das Zeug hielt. Eigentlich kein Wunder, wenn man sich überlegt, daß Mutter Hanson ja Lehrerin von Beruf war!

Selbst heute werden alle Hansons - also auch die jüngeren Geschwister - daheim unterrichtet. Jeden Tag, meistens morgens von 9 bis 12 Uhr, pauken die Hanson-Geschwister alles, was andere amerikanische Schüler auch lernen. Nur eben aus Büchern und mit Mom oder Dad als Lehrer. Seit neuestem reist im Hanson-Clan auch noch ein extra Mathe-Lehrer mit, denn die drei Brüder hatten sich speziell in diesem Fach keine großen Lorbeeren verdient.

„Das ist eigentlich ziemlich cool", sagt Isaac. „Vormittags ist immer Unterricht - Mathematik, Geographie, Literatur. Wir lernen Sachen über Länder, die wir gerade besuchen. Da bereiten wir uns auf das vor, was wir sehen werden, und wenn wir dann in Tokio oder London sind, können wir uns alles Gepaukte in Wirklichkeit ansehen. Als wir neulich in Paris waren, haben wir uns mit der ganzen Geschichte befaßt, oder wir haben uns mit der Geschichte der Notre-Dame-Kirche im Internet, in Büchern und in Lexika auseinandergesetzt. Ein paar Tage später konnten wir uns das alles selber ganz genau anschauen. Das ist echt riesig."

Heimerziehung ist in den USA nicht so ungewöhnlich wie bei uns. Eltern haben in dem großen Land oft die Wahl, ihre Kinder zu Hause selbst zu unterrichten. Nur müssen die Kids dann in regelmäßigen Abständen staatliche Prüfungen bestehen, und das finden auch die Hanson-Kids nicht immer so angenehm.

„Boy, da mußt du manchmal wahnsinnig büffeln!" Zac stöhnt, wenn er sich an die Tests erinnert.

Der anfängliche Schock, in einem ganz fremden Land zu leben, so weit weg von der gewohnten Heimat, verwandelte sich bald in Neugier. Mit ihren Eltern machten sie viele Ausflüge in die riesigen Berge der Anden, in die Hauptstadt Quito und an den Pazifischen Ozean. Dort hat Isaac auch das erste Mal auf einem Surfbrett gestanden, hat sich im Wellenreiten versucht. Aber da die Familie sehr viel rumreiste, blieb's bei diesem flüchtigen Kontakt. Einmal fuhren sie auch in den Regenwald zu Füßen der Anden, um nach dem Ursprung des Amazonas zu suchen, des längsten Flusses der Welt. Nur den von den Jungs so sehr ersehnte Trip auf die Galapagos Inseln - die mit den vielen Schildkröten und wilden Tieren - mußten sie ausfallen lassen.

„Das Wetter war nicht so toll", meint Ike mit einem Achselzucken. „Außerdem hätte die Seereise viel zu lange gedauert." Und dafür hatte Papa Hanson nicht genügend Zeit. Also blieben die Hansons auf dem Festland Ecuadors.

Was den Hanson-Boys am meisten in Ecuador fehlte, war die Musik. Sie konnten nur Radio hören, denn es gab kaum Fernsehen in Ecuador, und das bißchen, was sie sehen konnten, war auf Spanisch. Und außerdem lief dort sowieso nicht sehr viel Interessantes im TV.

„Im Radio liefen nur Sendungen mit Musik aus Lateinamerika", sagt Ike. „Ich fand Radio ganz, ganz schnell unheimlich langweilig." Und dann fügt er mit einem ver-schmitzten Lächeln hinzu: „Außerdem war mein Spanisch ziem-

lich lausig. Ich verstand keinen Ton von dem, was aus der Quak-Box rauskam."

„Die einzige Musik, die wir damals hatten", fügt Taylor hinzu, „war eine Time-Life-Compilation-Kassette mit alten Hits aus den fünfziger und sechziger Jahren. Echt cooles Zeug eigentlich. Die stammte aus dem Jahr 1958, glaub' ich. Echt antik, könnte man sagen."

Wenn Taylor von Musik spricht, kommt der sonst so scheue Schöne der drei Brüder richtig in Fahrt. Seine hübschen Augen beginnen zu glänzen, wenn er über Musiker, Stile, Sänger reden kann. Dann spricht er auch viel mit seinen schlanken Händen. Man könnte fast meinen, daß Musik das einzige in seinem Leben ist, was ihn interessiert.

„Nein, nein!" unterbricht er laut lachend, „Ich hab' noch viele andere Interessen, aber Musik find' ich halt schon am tollsten."

Und dann beginnt er wieder über diese alte Musik zu reden, die er und seine Brüder damals in Südamerika immer wieder und wieder anhörten. Er rasselt eine ganze Latte von Namen herunter, die heute fast vergessen sind.

„Das war ganz altes Zeug, alter Rock 'n' Roll. Mann, das ist cooles Zeug. Chuck Berry oder Johnny Taylor, das ist der, der 'Who's Making Love' gemacht hat. Aretha Franklin, Little

Richard, The Supremes."

„Du vergißt die Beach Boys und Elvis!" schreit auf einmal Zac auf, der die ganze Zeit mit seinen Trommelstöcken alle möglichen Einrichtungsgegenstände malträtiert hat.

„Ich finde auch die ganz frühen Sachen von den Beatles cool!" mischt sich Isaac wieder ins Gespräch ein. Und auf einmal haben die drei ihre ganze Umgebung glatt vergessen. Sie streiten sich - im Spaß natürlich! - über alte Musiker, die sich schon ihre Eltern angehört hatten.

Auf einmal unterbricht Isaac die Rumclownerei.

„Heute hören wir natürlich andere Sachen! Denkt nicht, daß wir an dem alten Zeug klebengeblieben sind!"

„Yeah!" ruft Zac und streckt seine Faust in den Himmel. „Aerosmith ist cool! Und Counting Crows!"

„Und die Spin Doctors!" ruft Tay.

„I like Alanis Morrisette!" Das war wieder Ike.

Tay klopft seinem Bruder auf die Schulter. „Und vergiß nicht Billy Joel!"

Billy Joel?

„Yeah, Mr. J. ist ein Gott!" sagt Ike und lacht.

Aber all die alten Musiker, die ihnen aus ihrer Zeit in der Fremde in Erinnerung geblieben sind, haben Hanson schon unheimlich beeinflußt. Eben weil sie damals in Südamerika nur diese wenigen Songs anhörten, sie immer wieder laufen ließen, bis sie alle Texte auswendig kannten und mitsingen konnten. Die Melodien kannten sie schon nach dem ersten Anhören!

In dieser Zeit begann eigentlich auch die wirkliche Karriere der drei Hansons. In dieser Zeit lernte nämlich Isaac, Gitarre zu spielen. Damals war er noch nicht mal zehn Jahre alt! Er hatte zwar noch kein eigenes Instrument, aber Ike durfte ab und zu mal auf der Gitarre eines Nachbarjungen rumklimpern. So brachte er sich die Grundgriffe selber bei. Nicht genug damit - kaum hatte Ike ein Instrument in der Hand, komponierte er auch schon seinen ersten Song. Ziemliches Naturtalent, unser Freund, oder?

„Tja, Ecuador war eigentlich gar nicht so schlecht, oder?" besinnt sich Ike. Aber Zac rümpft nur die Nase. Er ist viel lieber wieder daheim in Tulsa.

Tulsa mußte jedoch noch lange, lange auf die Rückkehr der Hansons warten. Nachdem Dad Walkers Aufenthalt in Ecuador nämlich beendet war, ging es nicht etwa wieder nach Hause, nach Oklahoma. Dads Firma sandte sie zuerst einmal ganz woanders hin. Die Familie packte mal wieder ihre Sachen und zog in die Karibik, auf die Insel Trinidad, um genau zu sein.

Wenig überraschenderweise fanden unsere drei Freunde die Karibikinsel jedoch in einer Hinsicht angehmer als Südamerika - übrigens mußten sie natürlich auch hier nicht in eine Schule.

Die Musik der Karibik, die Rhythmen des Reggaes, gefiel Isaac, Taylor und Zachary um einiges besser als die Songs in Ecuador. Einmal in Trinidad durch die Stadt gelaufen, und du hörst an jeder Straßenecke Steel Drums (das sind alte, rostige Ölfässer, auf denen unglaublich viele unterschiedliche Songs getrommelt werden können!), oder ein paar Jungs sitzen zusammen und singen. Musik ist eben ein fester Bestandteil des Lebens in der Karibik!

„Hey, klar, ich fand Trinidad stark!" mischt sich Zac wieder ein. Dort durfte er oft auf den Steel Drums mittrommeln. Obwohl er, wie sich seine Brüder lachend erinnern, oft nicht einmal auf die riesigen Fässer sehen konnte, weil er noch zu klein war. Was die Brüder in Port of Spain, San Fernando und anderen Orten Trinidads sehen und erleben konnten, war aber viel mehr, als normale Touristen erleben und sehen, wenn sie die Insel nur für ein oder zwei Wochen besuchen. Sie lernten die Menschen kennen, erfuhren, wie sie wirklich leben. Und das war nicht immer nur Freude und eitel Sonnenschein.

„Tja", sagt Ike, „wenn du da unten richtig wohnst, siehst du eben auch mal die Schattenseiten. Du lebst wie die anderen Leute da unten auch."

Das Leben ist selbst im Sonnenparadies der Karibik nicht immer nur ein Zuckerschlecken. Da erfährt man eben leicht, daß es auch Armut gibt - und Not. Auch diese Erfahrungen haben die Familie geprägt.

Taylor haben solche Erlebnisse tief beeindruckt: „Man wird bescheidener, wenn man in anderen Ländern lebt und sieht, wie gut es uns in den USA geht. Du bekommst ein ganz anderes Verhältnis zum Leben", sagt er, und seine blauen Augen blicken auf einmal ganz ernst. „Selbst wenn man so jung ist wie wir damals."

Das war eine wirklich gute Erfahrung für die Jungs, denn dadurch bekamen sie ein richtig gesundes Verständnis für das, was im Leben tatsächlich wichtig ist. Eine Lehre, die sie mit ihrem heutigen Super-Erfolg viel natürlicher umgehen läßt, als hätten sie im Leben nur die guten Seiten gesehen. Das ist sicherlich ein Grund, warum unsere jungen Superstars heute überhaupt keine Starallüren haben!

Nur Zac hatte in der Karibik anderes zu tun, als sich um Kultur und Menschen zu kümmern. Neben seinen ersten Erfahrungen mit Steel Drums beschäftigte sich der Kleine hauptsächlich mit einem „Ninja-Turtle"-Video-Game.

Der Aufenthalt in der Karibik dauerte jedoch nicht allzu lange für die Hansons. Nach über einem Jahr auf der malerischen - und manchmal auch ernüchternden - Insel, schickte die Firma von Vater Hanson die Familie wieder zurück nach Südamerika. Dieses Mal ging die Reise nach Venezuela, dem Ölland an der Nordspitze Südamerikas. Nach Caracas, der Hauptstadt.

Da, in Venezuela, kamen die alten Soul- und Rock-'n'-Roll-Tapes wieder recht!

„Wir hörten zwar immer wieder, daß man irgendwo auch amerikanische Fernsehsender empfangen konnte", sagt Isaac. „Aber wir haben sie nie gefunden. Keine Spur von MTV da unten!"

Ihre Eltern schrieben die Boys in eine amerikanische Schule ein, die speziell für die Kinder der dort arbeitenden Ölleute eingerichtet worden war.

„Das war eigentlich auch das einzige Mal, daß wir in einer richtigen Schule unterrichtet wurden", fährt Ike fort.

Sonst war vieles wie in Ecuador, erinnern sich die drei, nur daß sie eben zur Schule gingen. Und daß die Städte größer, lauter und chaotischer waren. Am Anfang fanden sie das alles aufregend, aber da ihr Vater meistens außerhalb der großen Städte arbeitete, lebte auch die Familie meist auf dem Land, an der Grenze zum Urwald. Wieder machten die Hansons Trips ins Landesinnere, auch ein paarmal in die Städte, aber die meiste Zeit verbrachten die Kids in der Nähe der Öllager weit weg von der Action.

„Am tollsten fand ich es wirklich in Ecuador", meint Isaac, und seine Brüder stimmen ihm zu. „Ich kann mich wirklich noch klar an die meisten Sachen dort erinnern. Das hat mich am meisten beeinflußt."

„Aber es war trotzdem echt seltsam!" sagt Zac.

Taylor, der Nachdenklichste der drei, sieht die Erlebnisse aus ihrer Kindheit selbstverständlich am klarsten:

„Es ist eigentlich richtig cool, wenn man andere Kulturen und andere Orte kennenlernt, sieht, wie anders Leute in verschiedenen Plätzen auf der Welt leben. Da hat man dann keine so beengte Sichtweise, man ist immer mittendrin. Viele verschiedene Teile der Welt so kennenzulernen, war supercool. Das macht dein Leben echt spannend."

Da muß dann auch Zac beipflichten: „Da hat er recht. Wir sahen Dinge und Orte, die die meisten Kids nie sehen werden. Weil die immer nur in Klassenzimmern sitzen müssen und alles aus Büchern lernen. Wir waren eben dort und haben's erlebt."

Zacs Brüder sehen sich überrascht an. Einen solchen langen Satz hat Zac schon lange nicht mehr an einem Stück ausgesprochen. Dabei ist der aber noch gar nicht fertig!

„Ich fand' es auch wirklich klasse, andere Länder zu sehen und dort zu leben. Ist doch besser, als sich nur Bilder davon anzuglotzen und darüber zu lesen. Oder es im Fernsehen zu sehen. Wenn du dort bist, kannst du dich mit den Leuten unterhalten, ihre Kultur besser verstehen und lauter so Zeug."

Zacs Brüder brechen auf einmal in prustendes Lachen aus - als wüßte ihr kleiner Bruder überhaupt, was Kultur bedeutet! Und damit ist die vernünftige Unterhaltung erst mal gestorben. Denn Zac beginnt natürlich sofort, mit Tay und Ike zu raufen. Aber die können vor Lachen kaum mehr, und dann fängt eben Zac auch an zu kichern.

Nach den vielen Jahren auf Reisen kehrte die Familie Hanson endlich wieder nach Tulsa zurück.

„Naaaaahhhhhh!" kreischt Zac auf einmal. „Wir wollten nicht, aber unsere Eltern haben uns mit Gewalt wieder zurückgeschleppt! Hilfe! Helft uns! Wir wollen wieder zurück in den Urwald!"

Doch Zac macht nur mal wieder Spaß - die ganze Familie war riesig froh, wieder in der alten Heimat zu sein. Tulsa, Oklahoma, hatte den Hanson-Clan wieder. Die Brüder waren überglücklich. Klar war es toll gewesen, andere Länder zu sehen, andere Menschen kennenzulernen. Aber daheim warteten eben doch ihre Freunde, hatten sie Plattenläden und TV.

Und Fast-Food-Läden!

Kaum hatten die drei wieder heimatlichen Boden unter den Füßen, ging's erst mal ab, um richtige Hamburger zu essen. Oder?

Denkste! Man sollte meinen, daß die Brüder nach Jahren in Südamerika erst mal die Nase voll hatten von Tacos und Enchilladas und all den anderen südamerikanischen Spezialitäten. Aber nein! Ihr erster Weg führte sie in die mexikanischen Outlets in Tulsa, die ausgerechnet das ganze Zeug hatten.

„Es war eigentlich irre!" sagt Taylor. „Aber wir waren sofort wieder Stammgäste im Taco Bueno, einem winzigen Fast-Food-Laden in unserer Nachbarschaft."

„Yeah! Mexikanisches Essen! Prima! Super!" bestätigt Zac in seiner üblichen ruhigen Art.

Sie feierten Wiedersehen mit ihren Freunden, sahen sich in Tulsa um, was sich in den Jahren alles verändert hatte. Sie spielten wieder Street Hockey, das ist wie Eishockey auf Inline Skates. Street Hockey ist eindeutig die absolute Lieblingssportart der Brüder.

„Tja - und Soccer auch!" sagt Ike. Soccer nennt man Fußball in den USA, damit man es nicht mit Football verwechselt.

„Und Laser Quest!" schreit Zac. Auch das gab's natürlich nicht in Südamerika: die wilde Jagd mit Spielzeug-Laserpistolen im Laser Quest Emperium in Tulsa, einem riesigen, dreistöckigen Neonlabyrinth im Süden der Stadt, in dem mit speziellen Rüstungen und Laserpistolen Räuber und Gendarm gespielt wird. Das Laser Quest wurde kurzfristig zum neuen Mittelpunkt im Leben der Hanson-Boys. Mit ihren alten Freunden feierten sie ganze Nachmittage lang ihre Rückkehr im Laser Quest.

Die Hansons zogen in ein größeres Haus im Westen von Tulsa. Sie kauften einen rotbraunen Steinbungalow. Hinter dem Haus gab es viele alte Bäume und ein kleinen Swimming Pool. Die neue Adresse lautete: 1045 78th Street, eine schöne, ruhige Gegend mit vielen großen Einfamilienhäusern. Die Nachbarn waren freundliche Leute, die ihre Ruhe liebten. Doch nun ist es aus mit dem Frieden in der 78. Straße - täglich pilgern Dutzende von Hanson-Fans zum Haus der Hansons, denn die Adresse und die Telefonnummer stehen im Telefonbuch der Stadt Tulsa. Aber: Wer heute unter der Nummer anruft, bekommt nicht mehr Mom oder Dad Hanson an die Leitung, geschweige denn einen der Brüder - heute ist es der Telefonanschluß der „Hanson-Hotline"!

Die Anwohner in der 78. Straße tragen den Rummel um ihre berühmt gewordenen Nachbarn mit typischer Tulsa-Gelassenheit.

„Hey, das ist doch toll, daß die Hanson-Kids es geschafft haben", meint ein freundlicher alter Mann in der Straße. Er hätte schon immer gewußt, daß aus denen mal etwas wird. „Sie waren schon immer talentiert! Wir hörten sie immer singen."

Die drei Brüder teilten sich - wie immer schon - ein Schlafzimmer: Taylor und Zac schliefen in einem Etagenbett, Ike hatte sein eigenes.

„Unser Zimmer war schon immer unsere Welt", sagt Isaac. „Leider war es darin nie aufgeräumt. Wir sind halt ziemlich chaotisch."

Heutzutage ist das Zimmer immer noch nicht aufgeräumt, aber man merkt es nicht mehr so: die Wände sind so vollgeklebt mit Zeitungsausschnitten, auf den Regalen stehen so viele Souvenirs, daß man meint, es muß so sein.

„Aufräumen ist gar nicht mehr möglich! Das ist nicht drin, ehrlich!" sagt Zac und lacht.

„Da ist Mom aber anderer Meinung", murmelt Tay.

In der Garage neben dem Haus haben sich die Boys ein richtiges Aufnahmestudio eingerichtet; ganz stolz nennen sie es ihre „Pirate's Cave", ihre Piratenhöhle. Kein Superstudio, aber es reichte den Brüdern für ihre ersten Aufnahmen. Bis vor kurzem noch studierten die Brüder alle ihre Songs in ihrer Garage ein. An den Wänden installierte Taylor eine bunte Lichtshow, die er über seinen Computer steuert. Die Wände bemalten übrigens Taylor und Zac mit verrückten Comic-Figuren. Denn beide Brüder sind äußerst begabte Zeichner - vielleicht bringen Zac und Taylor eines Tages ja mal ein richtiges Comic-Buch auf den Markt!

„Das ist unser anderes Talent", sagt Taylor. „Sowohl Zac als auch ich können ganz gut malen. Nur gibt es einen Unterschied zwischen ihm und mir: Ich nehme dazu Papier, er malt auf alles, am liebsten aber auf seine Haut."

Das stimmt - Zacs Unterarme sind meistens mit witzigen Figuren vollgekritzelt. Oft bedient sich der kleine Künstler aber auch ganz anderer Malutensilien - bei einem seiner Interviews bemalte er einen großen Pappteller mit Ketchup und Honig aus der Tube!

Nun lebte die Hanson-Familie also wieder in ihrer alten Heimat.

Trotzdem - das Leben war nicht mehr das gleiche wie vor ihrem Umzug nach Südamerika. Die Hanson-Brüder mußten nicht in die Schule - ihre Mutter unterrichtete sie weiterhin. Und irgendwie wußten die drei, daß sie in Zukunft Musik machen würden.

„Ich weiß auch nicht genau, wie und warum uns das klar wurde", erinnert sich Ike. Musik war immer schon sehr wichtig gewesen im Hause Hanson - man darf nicht vergessen, daß Mutter Hanson Musiklehrerin war. Und im Haus stand immer ein Klavier. Die Jungs machten immer schon oft und gerne Musik, aber die Idee, eine richtige Band zu gründen - soweit waren die Brüder lange noch nicht.

„Wir waren wirklich noch unheimlich jung!" sagt Ike. „Unsere Eltern baten uns immer, vor dem Essen das Gebet zu singen, anstatt zu sprechen. Uns machte das unheimlich Spaß!"

Jeden Abend variierten die drei Boys ihre Harmonien, jeden Abend kam ein anderes musikalisches Gebet dabei heraus. Ab und zu hörten Gäste der Hansons die Brüder singen und luden sie zu Familienfesten ein, dann bald auch zu Schulfeiern. Eigentlich kam alles ganz wie von selbst.

Eine Anekdote aus dieser Zeit wird so erzählt: Die Eltern unserer drei Freunde gingen eines Abends aus. Sie sagten den Söhnen, daß bei ihrer Rückkehr das Geschirr gewaschen sein sollte, die Küche aufgeräumt und der

Fußboden gesaugt. Doch anstatt die Hausarbeit zu verrichten, begannen die Jungs einen Song zu schreiben. Als die Eltern später nach Hause zurückkehrten, sah die Küche immer noch aus wie ein Schlachtfeld, und der Fußboden war immer noch dreckig. Aber Ike, Tay und Zac sangen ihren Eltern einen wunderschönen Popsong vor. Die Eltern waren begeistert vom Talent ihrer Söhne. Trotzdem gab es einen Rüffel wegen der nicht verrichteten Hausarbeit. So soll - sagt die Legende - der Song „MMMBop" entstanden sein.

„Tja, die Geschichte stimmt so ungefähr", gibt Isaac zu. „Aber ob es 'MMMBop' war, den wir da geschrieben haben, weiß ich heute nicht mehr. Ich weiß nur noch, daß wir wochenlang danach immer Küchendienst hatten."

Eines Tages - es war das Jahr 1991 - fanden sich die Jungs auf der Bühne des großen Stadtfestes von Tulsa, dem NeoFest, wieder.

Isaac erinnert sich: „Wir standen vor Tausenden von Zuschauern auf der Bühne und sangen die alten Hits, die wir von der Kassette aus Südamerika kannten. Nur Tay, Zac und ich. Keine Instrumente, wir sangen alle Songs a capella." (Das heißt: ohne instrumentale Begleitung). „Wir schnippten mit den Fingern im Takt dazu, trugen schwarze Lederjacken, weil wir das cool fanden, und dunkle Sonnenbrillen. Wir sangen Songs wie 'Splish Splash', 'Johnny B. Goode' und 'Summertime Blues'. Wir imitierten den Stil der 50er und 60er Jahre."

„Wir sahen vielleicht cool aus", unterbricht Tay, „aber mitten im Sommer in Tulsa mit schwarzen Lederjacken aufzutreten war keine besonders gute Idee. Im Sommer wird's in Tulsa nämlich bis zu 40 Grad heiß!"

„Ganz bestimmt keine gute Idee!" stimmt Zac seinem Bruder zu.

Trotz der etwas unglücklichen Wahl ihrer Garderobe wurde der Auftritt ein Riesenerfolg. Die Jungs traten mitten am Nachmittag als Vorprogramm auf, aber kaum hatten die drei ihren zweiten Song angestimmt, ließen die Zuschauer ihre Barbecue-Spare-Ribs und Maiskolben stehen und hörten sich den Gesang der drei Brüder an.

Der Set war kurz - gerade mal 20 Minuten („Wir hatten zwar viele Songs im Kopf, aber keine Puste mehr!" sagt Ike). Aber die Festivalbesucher klatschten begeistert Beifall. Es gab „Standing ovations"(!), was bedeutet, daß die Leute aufstanden, damit sie um so lauter klatschen konnten. Die „Hanson Brothers", wie sie sich damals noch nannten, waren auf einmal in Tulsa und Umgebung gefragt wie nie. Sie behielten die schwarzen Lederjacken, trugen weiterhin die Sonnenbrillen und sangen ihre Songs a capella.

„Wir sangen meistens die alten 60er Songs", sagt Zac, „aber wir hatten auch einige selbstgeschriebene Songs mit dabei."

Der lokale Radiosender holte sie ins Studio, und die Boys sangen live in die Mikrophone. Das Baseballteam aus Tulsa, die Tulsa Drillers, luden Isaac, Taylor und Zac ein, die Nationalhymne vor dem Spiel zu singen. Zwar kannten auch danach außerhalb von Tulsa noch nur wenige Leute den Namen Hanson, aber der erste Schritt zum Erfolg unserer drei Freunde war getan!!!

Der Weg zum Erfolg

Von Lokalmatadoren zu Weltstars

Nach dem Neo-Festival in ihrer Heimatstadt Tulsa gab's kein Halten mehr für Isaac, Taylor und Zachary Hanson.

Taylor weiß heute noch ganz genau, wie es damals war:

„Wir hatten eine genaue Vorstellung von dem, was wir wollten - wir wollten Musik machen, nicht nur singen. Wir wollten alles - unsere Lieder schreiben, die Instrumente spielen und natürlich selber singen."

Also machten sich die drei Brüder daran, ihren Traum zu verwirklichen. Isaac hatte sich im Alter von elf Jahren mit Rasenmähen Geld für seine erste richtige Gitarre verdient. Allerdings reichte es nur für eine gebrauchte aus einer Pfandleihe. Sein Bruder Taylor hatte von Dad Walker ein Jahr zuvor ein Keyboard geschenkt bekommen, da war Tay gerade sieben.

Aber zusammen in einer richtigen Band spielen?

Sie waren doch noch so jung!

Vielleicht später mal!

Nach ihrem Auftritt beim Festival aber wußten sie, daß die Zeit reif war. Sie wußten auch, daß Bruder Zachary ihr Drummer werden würde - schließlich trommelte der kleine Bruder sowieso auf allem rum, was ihm unter die Finger kam.

Zac hat eine andere Version der Geschichte:

„Ich habe denen gesagt, daß sie mich für ihre Band brauchen. Ohne mich wären sie nie was geworden. Außerdem: Die zweistimmigen Harmonien haben nie funktioniert, deshalb haben sie mich richtiggehend angefleht mitzumachen." (Ike und Tay sind sprachlos.) „Ich habe mich schließlich weichklopfen lassen. Deshalb bin ich dabei."

Die zwei älteren Brüder jagen Zac daraufhin durch den Raum, doch er entwischt ihnen immer wieder. Nicht einmal die von Taylor geworfene Zeitschrift trifft den kleinen Bruder.

Die Eltern haben ihre drei Söhne in ihrem musikalischen Ehrgeiz immer unterstützt.

„Nein! Sie haben uns dazu gezwungen! Helft uns! Befreit uns!" schreit Zac hinter einem Sofa hervor. Der kleine Lümmel kann wirklich nie ernst bleiben!

Ike und Tay erzählen, wie es wirklich weiterging. Auch die Eltern der Jungs waren langsam vom Talent ihrer Söhne überzeugt. Sie hatten ihren Kindern schon immer geholfen, ihre Träume zu verwirklichen, aber sie hatten sie nie gedrängt. Anders als in anderen Musikerfamilien ließen Vater und Mutter Hanson ihren Kindern ihren freien Willen. Sie halfen ihnen immer, waren stets mit Rat - und auch mit Tat - dabei, aber sie übten nie Druck auf die Kinder aus, Stars zu werden. Die Jungs aber hatten ihren Ehrgeiz entdeckt. Sie übten im Wohnzimmer, wo sie übrigens auch einen riesigen Spiegel aufhängten, um sich beim Spielen zusehen zu können.

Eines Tages hatte Daddy Hanson eine Vision. Er sah, wie seine Söhne inmitten einer riesigen Masse jubelnder Fans auftraten. Da wußte er, daß aus seinen drei Söhnen einmal große Stars werden würden. Superstars! Er fand auf dem Speicher eines Nachbarn ein altes Ludwig-Schlagzeug und kaufte es ihm für zwanzig Dollar ab. Dann reparierte er das uralte Ding erst einmal wochenlang - endlich hatte Zac sein Schlagzeug.

„Ganz so einfach war es allerdings nicht", erzählt Taylor. „Zac war damals noch so klein, daß er hinter seiner Schießbude auf einer klapprigen Apfelkiste sitzen mußte, und die brach eines Tages während eines Auftritts unter ihm zusammen - er fiel voll

nach hinten von der Bühne runter. Mitten im Song! Wir haben uns fast totgelacht!"

„Das war noch gar nichts!" Zac hat sich entschieden, wieder

an der Unterhaltung teilzunehmen. „Wir spielten eines Tages auf einem Konzert irgendwo in Oklahoma. Da löste sich die Verankerung von meiner großen Bass-Drum, und das Riesending rollte einfach über die Bühne."

Plötzlich prusten wieder alle drei unkontrolliert los.

„Ja, wir konnten eine ganze Zeit nicht mehr weiterspielen", sagt Ike unter lautem Lachen, „weil wir immer wieder loskichern mußten. Es war unglaublich."

Bevor all dies jedoch passieren konnte, mußte Zac erst noch Schlagzeugspielen lernen. Das war nicht ganz einfach für ihn, denn er ist Linkshänder. Also mußte er seine Drums immer seitenverkehrt aufbauen. Und das macht den Unterricht besonders schwer, wenn der Lehrer Rechtshänder ist.

„Ich gab's irgendwann mal auf, Stunden bei dem Lehrer zu nehmen", sagt Zac, „und brachte mir das Nötigste selber bei. Schließlich bin ich ja talentiert"

Kaum hatten Hanson ihre Instrumente beisammen, begannen sie auch sofort, damit aufzutreten.

„Es klang ziemlich lausig am Anfang", gibt Ike, der Perfektionist, zu. „Wir konnten noch nicht richtig spielen, aber wir wollten einfach nicht mehr länger warten."

In ihrer Garage nahmen die Jungs mit der Hilfe ihres Dads ihre ersten Scheiben auf. Die erste davon hieß „Boomerang".

„Da waren eigentlich nur Gesangsstücke drauf, obwohl es eine reine Rhythm-&-Blues-Platte war!" erinnert sich Ike. Die Kohle für die Produktion schoß Daddy vor. „Das konnten wir mit Rasenmähen nun wirklich nicht mehr verdienen", meint Ike.

Die örtliche Radiostation spielte die selbstgepreßten CDs gerne. Und die Fangemeinde der Hansons wurde immer größer. Vater Walker sandte „Boomerang" auch schon mal an alle Plattenfirmen und hoffte, daß seine Söhne einen Vertrag bekämen. Aber es war noch zu früh.

„Ich glaube, die sagten uns damals ab, weil wir weiße Kids waren, die schwarze R&B-Musik machten, und irgendwie paßte das nicht ganz", erklärt Taylor.

Aber es half Hanson, in der Gegend noch populärer zu werden, als sie schon waren. Viele Clubs meldeten sich bei der Familie und wollten die Jungs verpflichten. Als sie aber vom Alter der Brüder hörten, nahmen manche doch lieber erst mal Abstand.

Eine Gelegenheit für Auftritte gab's trotzdem: im Blue Rose Café in Tulsa, eine hippe kleine Bar am Stadtrand. An der Tür hängen Schilder wie „Keine Heulsusen!", oder „Parkplatz nur für Harley Davidsons!". Man kann sich also gut vorstellen, welches Publikum der Laden hatte. Der Besitzer des Blue Rose, Tom Dittus, war ein alter Freund der Eltern. Und so hatten Hanson auch schon den ersten regelmäßigen Gig gesichert.

Es gab nur ein Problem - auf einem der vielen Schilder vor dem Blue Rose Café stand auch „Kein Eintritt für Jugendliche unter 21 Jahren!" - das ist übrigens Gesetz in vielen US-Bundesstaaten! Also durften Ike, Tay und Zac gar nicht in den Laden, in dem sie auftreten sollten. Tom Dittus hatte auch dafür eine Lösung - die minderjährigen Hanson-Brüder spielten einfach vor der Tür des Cafés! Und zwar als sogenannter „Happy Hour Gig". Das heißt zwischen 17 und 20 Uhr. Stühle und Tische wurden nach draußen gestellt, und das Ganze kostete keinen Eintritt; die Band bekam also nur ein paar Dollar pro Auftritt von Tom Dittus, aber trotzdem.

Da es im Sommer in Oklahoma selten regnet (von den nassen Auswirkungen gelegentlicher Tornados einmal abgesehen!), waren die Auftritte der drei Brüder bald der Geheimtip der Stadt und der ganzen Umgebung. Immer mehr Leute kamen, um sich die Jungs selbst anzusehen, von denen man so viel gehört hatte.

Die Band der Jungs wurde ganz langsam zu einem richtigen Familienunternehmen! Daddy Hanson brachte seine Söhne mit dem hauseigenen Mini-Van zum Auftritt, die Brüder bauten ihre Instrumente und Verstärker eigenhändig vor der Tür des Blue Rose Cafés auf, und Mama Hanson verkaufte auf dem Parkplatz T-Shirts, Kassetten und CDs der drei Kinder.

Nun spielten auch Radiosender außerhalb der Stadt immer mehr Hanson-Songs, und deshalb kamen immer noch mehr Neugierige zu den Auftritten der Band. Bis zum Sommer 1995 waren sie fast zweihundertmal aufgetreten, schätzen die Boys heute. Isaac, Taylor und Zachary Hanson brachten es also auf ein ganz anständiges Taschengeld, und clever, wie die drei Boys nun mal sind, steckten sie alles gleich wieder in die Produktion ihrer zweiten CD, „MMMBop".

Richtig! Schon damals hatten unsere Jungs den richtigen Riecher gehabt - sie wußten, daß „MMMBop" ihr Hit war. Die zweite selbstgemachte Scheibe aus der mit Cartoons verzierten Garage der Hanson-Familie war ein Renner in den Shops von Oklahoma.

Taylor erzählt, wie es damals war: „Mit 'MMMBop' hatten wir unseren Stil ziemlich verändert. Wir machten nicht mehr nur R&B (Rhythm & Blues), sondern wir spielten, was weißen Kids vielleicht eher liegt - Rock 'n' Roll."

„Eigentlich war es mehr Pop-Rock!" gibt Ike zu bedenken. „Das war die erste Scheibe, auf der wir Instrumente spielten. Es war irgendwie eine ganz natürliche Entwicklung gewesen."

Zac: „Es war ja nicht so, daß wir uns sagten: Yeah, nun müssen wir Pop spielen. Nee, das kam irgendwie ganz von alleine."

Leider gibt's auch diese selbstproduzierte Scheibe schon lange nicht mehr im Handel. Solltet Ihr also irgendwo mal eine dieser Raritäten zufällig finden - gleich kaufen, denn sowohl „Boomerang" als auch „MMMBop" sind echte Juwelen und gesuchte Sammlerobjekte!

Im Jahr 1996 war es dann soweit - alle wußten oder fühlten, daß der ganz große Durchbruch von Hanson nur noch eine Frage der Zeit war. Die Brüder strichen das „Brothers" aus dem Bandnamen („Hanson klang einfach viel, viel cooler!" sagt Zac). Und unter dem verkürzten Namen „Hanson" hatte Vater Walker Hanson schon begonnen, die „MMMBop"-CDs an alle großen Plattenfirmen zu schicken. Zusammen mit seinen

Söhnen fuhr er einige Male nach New York und Los Angeles, um persönlich Termine bei den Plattenbossen zu bekommen.

Vergeblich.

Wie bei den Beatles vor über dreißig Jahren lehnten alle Manager der Plattenfirmen ab. Und wie damals waren dies alles ganz furchtbare Fehlentscheidungen. Heute könnten sich die Agenten und Manager dieser Firmen alle in den eigenen Hintern treten, denn inzwischen sind Hanson der Millionenseller! Ganz zu schweigen von dem, was in den kommenden Jahren noch zu erwarten ist.

„Die müssen sich erst mal die Haare schneiden lassen!" „Zu rockig für Teenie-Bands!" „Ohne Tanzeinlagen kann man keine

Musik an Teenies verkaufen!" So und ähnlich lauteten damals die Absagen.

Doch die drei Brüder wußten genau, was sie wollten!

Und sie wußten auch, daß sie auf dem richtigen Weg waren.

Ohne sich vorher an den herrschenden Geschmack anpassen zu müssen!

Und ohne sich den Gesetzen der Plattenfirmen beugen zu müssen!

„Keiner wird mir vorschreiben, welche Turnschuhe ich zu tragen habe!" sagte Isaac Hanson in einem Interview. Und ließ sich weiterhin keine Vorschriften machen.

Im Jahr 1995 also waren die Brüder an einem Punkt angelangt, wo es nicht mehr weiterzugehen schien. Aber auch dafür hatten unsere Jungs eine Lösung bereit – obwohl sie natürlich am Anfang von den vielen ablehnenden Antworten tief enttäuscht waren.

„Unsere Eltern haben uns damals unheimlich geholfen", sagt Taylor. „Sie sagten uns, daß der Glaube an uns selber viel wichtiger sei und daß man sich nicht verkaufen dürfe."

Und sie haben viel zusammen gebetet in diesen Zeiten. Denn die Familie Hanson ist eine sehr religiöse Familie. Von Vater und Mutter Hanson bis runter zum jüngsten Bruder, Mac. Ihr Glaube an Gott half ihnen dabei, die deprimierenden Absagen der Plattenfirmen zu überstehen.

„Selbst wenn wir nie einen Plattenvertrag bekommen hätten, wären wir weiter glücklich und zufrieden geblieben", erzählt Taylor weiter. „Es kommt nicht nur darauf an, daß man unglaublich viel Erfolg hat im Leben. Das wußten wir. Aber wir wollten

auch nicht aufgeben. Wir wußten, daß wir einen richtigen Manager brauchten. Ohne einen Manager, der sich im Musikgeschäft auskennt, kamen wir einfach nicht mehr weiter."

Also suchten Hanson nach einem geeigneten Mann. Eines Tages waren sie auf Tour in der texanischen Stadt Austin, als ihr Vater zufällig den berühmten Rechtsanwalt Christopher Sabec im gleichen Restaurant sah, in dem auch sie selber aßen.

Sabec ist im „Business", wie man das in Amerika nennt, ein bekannter Mann, der schon viele Stars beraten und unter

Vertrag hatte. Die drei Boys zierten sich nicht lange und stolzierten an Sabecs Tisch. Dunkle Lederjacken an und Sonnenbrillen auf den Nasen.

„Dürfen wir Ihnen schnell was vorsingen?" fragte Isaac frech.

Der Anwalt war überrascht von den drei halbwüchsigen Jungs, die vor ihm standen. Bevor er noch antworten konnte, hatten Hanson schon begonnen, „MMMBop" a capella zu singen. Im Restaurant verstummte plötzlich jedes Gespräch. Kaum waren sie mit ihrem Song fertig, sprang Sabec auf und rief: „Wo sind eure Eltern? Ich muß sie sofort sprechen. Bringt mir die Bänder der Jungs! Die will ich."

Der Rest ist Geschichte, könnte man sagen. Denn der clevere Anwalt Sabec schaffte es, seinen neuen Schützlingen zum Erfolg zu verhelfen. Er rief bei seinen Freunden und Bekannten im Musikgeschäft an, und plötzlich waren Hanson ein „Hot Item", wie man das in der Business-Sprache nennt, ein heißes Thema. Der Chef der amerikanischen Firma Mercury Records, Steve Greenberg, flog auf Einladung von Chris Sabec zu einem Konzert in Koffeeville, einem kleinen Nest in Kansas, und war sofort überzeugt. Er wußte, daß er die Jungs unter Vertrag nehmen mußte. Im Frühling des Jahres 1996 bekamen Hanson ihren Vertrag mit Mercury.

„Puh, das war auch langsam Zeit geworden", kann Zac heute darüber lästern. „Stell dir vor, ich war schon zehn Jahre alt und hatte noch keinen Vertrag!"

„Es war irgendwie überhaupt kein Haken bei der ganzen Sache!"

sagte Steve Greenberg in einem Gespräch mit einem Reporter einer großen amerikanischen Illustrierten. „Als ich hinflog, um die Band zu sehen, war ich überzeugt, daß irgendein Erwachsener an den Songs rumgedoktert hatte. Das passiert fast immer mit ganz jungen Bands, und ich war auch sicher, daß sie keine Instrumente spielen konnten. Aber die Jungs waren auf der Bühne so überzeugend, sie spielten genau den Sound, der mir auch auf ihren Demos (so nennt man die Bänder, die an Plattenfirmen gesendet werden) gefallen hat. Da wußte ich sofort - die werden groß. Ganz groß."

Er sollte recht behalten. Greenberg fühlte, daß er mit den drei jungen Künstlern einen Rohdiamanten gefunden hatte, der nur noch etwas Schliff brauchte, um zu einem wertvollen Juwel zu werden. Für ihn waren die drei Jungs aus der Provinz nicht nur irgendein Act, wie er viele unter seinen Fittichen hatte. Steve Greenberg kümmerte sich um seine neuen Stars, als ob sie zur Familie gehörten. Als die Karriere der drei langsam startete, tauchte der mächtige Chef der Plattenfirma auf fast jedem Hanson-Konzert auf und reiste auch bei den späteren Promo-Touren der Kids immer mit.

Seine erste Aufgabe war jedoch, es den Brüdern zu ermöglichen, eine sensationelle Platte aufzunehmen. Steve Greenberg – der Voll-Profi – stellte seinen Schützlingen dafür alle Möglichkeiten zur Verfügung. Ein Anruf genügte, und die besten Musiker und Produzenten waren bereit, den Brüdern zu helfen.

Big Time

Das **Album** wird gemacht

Der erste Anruf von Steve Greenberg ging an Steve Lironi, einem der gefragtesten Produzenten. Steve Lironi produzierte viele Hitalben, darunter eines der Rockgruppe Black Grape und der In-Band Space, die vor allem unter Musikern als Supertip gelten. Unter seiner Führung arbeiten einige der berühmtesten Leute, die es hinter den Kulissen der amerikanischen Musikindustrie gibt: Mark Hudson, Desmond Child, Ellen Shipley, die schon viel für Belinda Carlisle gemacht hat, und das legendäre Team Barry Mann und Cynthia Weil, die mit Alt-Stars wie den Righteous Brothers oder den Animals in den 60er Jahren arbeiteten. Mit am wichtigsten für Steve Greenberg war es aber, daß der Stil von Hanson nicht verändert wurde.

In einem Interview mit einer Musikzeitschrift in den USA sagte er: „Es war wichtig, den eigenen Stil der Jungs auf jeden Fall zu erhalten. Bei Hanson sollten sehr kreative und einfühlsame Leute mitarbeiten. Den Erfolg von Hanson macht aus, daß die Jungs klassische Popsongs geschrieben haben. Wir anderen waren dafür zuständig, diese Songs in einer ganz modernen Form zu produzieren."

Für Ike, Taylor und Zac war es am Anfang ziemlich schwierig, mit fremden Leuten zu arbeiten. Man darf nicht vergessen, daß

die Boys lange Jahre immer nur zu dritt komponiert und gespielt hatten. Nun mußten sie auf einmal mit irre berühmten Leuten arbeiten, die zum Teil so alt waren wie ihre Eltern! Leute, die Musikgeschichte geschrieben haben und die unsere drei Freunde nur aus dem Musiklexikon kannten wie eben Barry Mann und Cynthia Weil. Oder den Songwriter Desmond Child. Desmond hat schon Songs für Superstars wie Bon Jovi oder Aerosmith geschrieben, und auf einmal tauchen drei kleine Jungs aus Tulsa, Oklahoma, auf.

Isaac fand die ersten Begegnungen sehr seltsam: „Wir mußten wirklich erst lernen, mit anderen Leuten zu arbeiten und Ideen auszutauschen."

„Vor allem mußten wir am Anfang darauf achten, uns nicht gegenseitig auf die Nerven zu gehen", sagt Tay.

Es war für alle ein großer Lernprozeß. Mit Desmond Child schrieben sie zusammen den Song „Weird" (auf deutsch: seltsam, verrückt). Alle vier - die Hansons und Child - saßen zusammen und dachten darüber nach, daß noch nie jemand einen Song mit dem Titel „Weird" geschrieben hatte. 'Weird' ist ein sehr gebräuchliches Wort in der englischen Umgangssprache, und es wird so oft verwendet wie eben 'komisch', 'seltsam' oder 'verrückt' im Deutschen. Desmond saß also am Keyboard in seinem kleinen Studio in Los Angeles, spielte ein paar Melodien, und alle versuchten, die passenden Worte dazu zu singen. Und plötzlich war der Song geboren.

Mit anderen Songwritern klappte es auf eine andere Weise. Zusammen mit Mark Hudson schrieben die Jungs die Lieder „Lucy", „Minute Without You" und ihren zweiten Superhit „Where's the Love".

„Wir kamen zu Mark und hatten die Ideen für die Songs schon im Kopf", erzählt Isaac. „Und manchmal hatte er auch eine oder zwei Zeilen, die er uns vorspielte, und wir machten dann weiter damit."

Am Ende waren die Brüder überrascht, wie toll es war, mit anderen Musikern zusammenzuarbeiten.

Und dann trafen sie auf die Dust Brothers. Mit den zwei Superproduzenten machte die Arbeit an der neuen CD riesigen Spaß.

Taylor sagt: „Als wir die beiden zum erstenmal in ihrem Haus in Los Angeles trafen, dachten wir alle, hey, die sind gar nicht so schmuddelig, wie wir geglaubt hatten ('Dust' heißt im Englischen 'Staub'). Im Gegenteil, das Haus war richtig ordentlich und aufgeräumt."

Zac fügt hinzu: „Yeah, chaotisch irgendwie, aber sauber! Kein Staub. Nirgendwo!"

Eigentlich sind die 'staubigen Brüder' gar keine Brüder, sondern sie heißen John King und Michael Simpson. Die beiden

sind im Augenblick die angesagtesten Plattenproduzenten in den
Staaten. Unter anderem produ-
zierten sie das von allen Kritikern
gelobte Hit-Album „Odelay" von
Beck. Da Beck mit richtigem
Namen Beck Hansen heißt, war
natürlich   auch   die
Namensgleichheit ein Grund für
viele Verwechslungen, oder?

„Verwechslungen nicht, aber
das war eine ganze Zeit das
Gerücht des Tages", meint Taylor
und lacht. „Nachdem wir mit der
Arbeit an der Platte fertig waren,
sagten die Dust Brothers, von nun
an würden sie nur noch mit Hansons arbeiten. Das war natürlich ein Scherz, aber es machte die Runde."

Natürlich sind Isaac, Taylor und Zachary nicht mit Beck ver-
wandt, aber für ein paar Lacher ist die zufällige
Namensgleichheit offensichtlich gut genug, obwohl Becks
Nachname mit 'E' geschrieben wird, und unsere Freunde
bekanntlich 'Hanson' mit einem 'O', heißen.

Isaac: „Das Studio der 'Dusters' ist in einem ganz normalen
Haus in Los Angeles untergebracht. Im Flur wird der Gesang
aufgenommen, im Wohnzimmer baute Zac seinen Drum-Kit auf.
Und auch die Vocals wurden im Wohnzimmer aufgenommen.
Das Mischpult steht dann im Schlafzimmer und so. Alles war

unheimlich relaxt, alles war so eingerichtet, daß wir uns total wohlfühlen konnten."

Die Arbeit an „Middle of Nowhere" dauerte fünf lange Monate. Während dieser Zeit lebten Ike, Tay und Zac mit der ganzen Familie in einem großen gemieteten Haus in den Hügeln über Hollywood.

„Das war klasse!" erinnert sich Zac. „Wir konnten von der Terrasse aus das Hollywood-Zeichen und Mann's Chinese Theatre sehen (Das ist ein riesiges, altes Kino, in dem in Hollywood viele Filmpremieren stattfinden), und wir hatten einen coolen Blick über die ganze Stadt."

Auch die Arbeit war relaxt. Unsere Freunde tauchten um die Mittagszeit bei den Dust Brothers auf, saßen erst mal rum, quasselten ein bißchen mit den anderen 'Brüdern' und hörten Musik.

Isaac: „Die spielten uns Songs vor, da flogen uns die Ohren weg! Von Three Dog Night (einer alten US-Pop-Band aus den 60er und 70er Jahren) oder von den Pointer Sisters. Außerdem hatten die alle, aber auch wirklich alle Beatles-Scheiben."

Taylor: „Das war wirklich klasse! Die beiden sind absolut voll die Profis! Wir nahmen 'MMMBop' und 'Thinking of You' bei ihnen auf. Und wie die beiden arbeiten, hat uns erst mal umgehauen und dann auch unheimlich weitergebracht. Sie kamen zum Beispiel mit den Scratch-Passagen auf 'MMMBop' zu uns. Sie sagten, das und das würde sich wirklich cool anhören."

Zac: „Am Anfang war ich erst nicht so sicher, ob das mit den Scratchern passen würde. Aber als sie es uns dann vorspielten, hörte es sich spitze an!"

Taylor: „Ja, wir standen da und sahen uns an und sagten: Wow! Warum sind wir da nicht drauf gekommen?"

Zac: „Trotzdem - ich fand den Pool der beiden am tollsten, den sie hinter dem Haus haben - einfach cool!"

Isaac: „Ja - der Pool! Als wir mit den Aufnahmen fertig waren und uns den letzten Mix anhörten, waren wir so begeistert, daß wir alle in den Pool gejumpt sind!"

Zac: „Hey, ja, voll bekleidet!"

Bei der Produktion von „Middle of Nowhere" gab es dann jedoch Schwierigkeiten ganz besonderer Art - Taylor kam in den Stimmbruch!

Tay erinnert sich: „ Das war schon sehr seltsam. Wenn du genau zuhörst bei den Songs, wirst du merken, daß meine Stimme auf einigen der Tunes höher ist als bei anderen. Zuerst bin ich natürlich ausgeflippt. Du kannst dir denken, mitten in der größten Produktion unseres Lebens, und auf einmal glaubst du, du kannst nicht mehr singen."

„Aber am Schluß war es dann gar nicht so schlimm!" sagt Ike. „Ich kannte das Problem ja schon. Ich hatte meinen Stimmbruch schon vor ein paar Jahren. Und unser Dad half uns dabei."

„Ja, ich mußte viel Gesangsunterricht nehmen während dieser Zeit, es war schon sehr unangenehm!" meint Taylor.

Trotz ihres Supertalents konnten die Jungs natürlich nicht alle Instrumente auf der Platte spielen. Insgesamt 15 Studiomusiker halfen bei der Produktion mit, aber das ist normal in diesem Geschäft.

„Ich finde es sehr cool, daß wir mit den besten Leuten arbeiten durften", kommentiert Zac. Drei der Studiomusiker werden die Jungs übrigens auch begleiten, wenn sie auf Tour gehen.

Als „Middle of Nowhere" fertiggestellt war, sandte die Plattenfirma die ersten Bänder an Radiostationen in New York und anderen großen Städten. Und die Reaktion überraschte selbst die erfahrensten Profis. Kaum hatten sie den Hit „MMMBop" gespielt, riefen Tausende von Hörern an und wollten wissen, wer die neue Superband sei.

„Damit nicht genug", sagte ein Programmdirektor eines großen New Yorker Radiosenders. „Die hatten noch fünf weitere Superhits auf der CD."

Im Frühjahr 1997 war es dann soweit. Nach dem positiven Echo bei den Radiostationen - und nach einem supererfolgreichen Auftritt vor einer Versammlung amerikanischer Plattenshopbesitzer - wollte Mercurys Steve Greenberg die Band erst mal auf eine Promo-Tour durch die Staaten und Europa schicken. Aber die Jungs hatten noch andere Pläne. Sie wollten ein richtiges Konzert in ihrer Heimatstadt Tulsa geben. Die Plattenfirma stimmte zu, und so traten Hanson zum erstenmal in ihrer Karriere vor einem richtig großen Publikum als Headliner auf.

Über 12000 Zuschauer kamen zu der Show in Tulsa. Und da wußten alle, daß Vater Walker Hanson mit seiner Vision recht gehabt hatte, als er seine drei Söhne inmitten begeisterter Fans gesehen hatte.

Hanson - die Superstars - waren geboren!

Planet MMMBop

Hanson wird weltberühmt

„Irgendwann habe ich mir mal MTV angeschaut", kreischt Zachary in seiner üblich lauten Art, „und da habe ich dieses unheimlich hübsche blonde Mädchen gesehen. Und ich habe mir gedacht: Wow, sieht die aber süß aus! Ja, und da habe ich sie mir genauer angesehen - und auf einmal habe ich erkannt, daß ich das ja selber war."

Diese Enttäuschung konnte der kleine Zac sicherlich verschmerzen. Im Mai 1997 kam die CD „Middle of Nowhere" in die amerikanischen Plattenläden - in Deutschland übrigens erst einen guten Monat später. Und schon eine Woche zuvor sendete MTV, USA, das brandneue „MMMBop"-Video von Hanson auf 'Heavy Rotation', das heißt, daß sie es ziemlich oft spielten.

Wie schon zuvor war auch bei MTV die Zuschauerreaktion sensationell. Der lustige Song wurde beinahe über Nacht zum Hit unter den US-Teenagern. Innerhalb von wenigen Wochen kletterte „MMMBop" auf die Spitzenposition der amerikanischen Hitparade.

Die alten Kumpels der drei Brüder in Tulsa waren auch völlig begeistert, als „MMMBop" auf MTV lief.

„Ein paar von unseren Freunden arbeiten bei Pizza Hut in Tulsa", erzählt Ike. „Da läuft im Hintergrund immer MTV, aber

65

ohne Sound. Als unser Video gesendet wurde, waren sie zuerst von den Socken. Dann stoppten sie die Arbeit und drehten den Ton der Fernsehgeräte hoch. Der Manager stürmte ins Restaurant und flippte aus. Er wollte unsere Freunde rauswerfen. Aber die erklärten ihm, daß wir bei MTV zu sehen waren, da war wieder alles klar."

Aber der wirkliche, totale, volle Durchbruch kam im Mai 1997. Da traten Hanson bei Rosie O'Donnell auf, einer Talkshow, die nachmittags läuft und absolut hip ist, und nur zwei Tage später, am 6. Mai 1997, in der David-Letterman-Show - dem Vorbild für unsere Harald-Schmidt-Show. Bei Letterman auftreten zu dürfen ist der Adelsschlag im amerikanischen Showbusiness, denn alle wissen, daß der bissige, sarkastische Talkmaster nur die angesagtesten Künstler in sein Programm holt.

„Wir waren gerade in Paris", erinnert sich Ike, „und machten Interviews. Da kommt unser Dad zu uns und sagt, ratet mal, wo ihr nächste Woche sein werdet. Ich dachte, na ja, wo schon - in London oder Rom oder so. Ist ja alles cool. Oder wenn wir Glück haben, sind wir auch wieder in Tulsa. Und da sagt er, nein, wir sind in New York, und ich denke, na ja, okay, New York, und dann - in der David-Letterman-Show. Und ich denke, ich flippe aus, mich trifft der Schlag, das ist supercool, sensationell und so. Also, ich war wirklich total aufgeregt!"

Auch die beiden anderen Brüder können ihr Glück nicht fassen. Nachdem sie wochen- und monatelang, eigentlich sogar jahrelang, Amerika und Europa bereisten, um Interviews zu geben, für Fotosessions zu posen, Konzerte zu spielen, sollte man meinen, die Jungs würden etwas abgebrühter sein.

Aber nein.

Die Freude über ihren Auftritt bei Letterman überragte alles bisher Dagewesene.

„Wir spielten zwar nur einen Song in der Show - MMMBop, natürlich", sagt Tay, „aber es war trotzdem wahnsinnig! Die Leute waren unheimlich nett zu uns, wir wurden in einem Superhotel untergebracht, sie holten die ganze Familie mit zwei riesigen Limos ab, und auch vor der Show wollten uns alle sehen, anfassen. So, als wollten sie sich persönlich davon überzeugen, daß es uns auch wirklich gibt."

„Ich mußte mindestens ein Dutzend Mal sagen - ich bin erst elf!" kalauert Zac. „Die wollten es immer und immer wieder hören. Jetzt bin ich zwölf. Deshalb müssen wir demnächst wieder hin."

Nach dem Auftritt in der Letterman-Show trat etwas ein, was selbst das erfahrene Team des amerikanischen Talkmasters überraschte. Stunden nach der Sendung - die in den USA übrigens erst um elf Uhr abends beginnt! - standen die Telefone nicht still. Noch Tage später riefen Fans aller Altersgruppen beim Sender in New York an und wollten wissen, was sie denn da gesehen hatten. Hysterische US-Mädchen wollten die drei Boys ans Telefon bekommen und ließen sich nicht abwimmeln.

Nach dem Auftritt bei Letterman stiegen die Verkäufe von „MMMBop" wie eine Rakete. Bis Sommer 97 wurde die Single in den USA schon weit über 1,5 Millionen Male verkauft – der

Sommerhit des Jahres stand schon Anfang Mai fest!

Der Sensationserfolg von Hanson zeigte auch in Deutschland Wirkung. Deutsche Fernsehsender begannen, sich um Hanson zu reißen. Das Rennen machte erst mal Jürgen von der Lippe mit seiner Show „Geld oder Liebe!". Als Hanson am 22. Juni 1997 bei von der Lippe auftraten, waren sie fast noch unbekannt in Deutschland. Aber innerhalb von vierundzwanzig Stunden wußte ganz Deutschland, daß die Stunde der Hanson-Brüder geschlagen hatte. Thomas Gottschalk buchte die Brüder sofort für seine „Hausparty", die am 7. September 1997 gesendet wurde.

Im Sommer wurde die gesamte Familie Hanson zur Verleihung der amerikanischen MTV Award nach Santa Monica eingeladen. Da standen unsere Freunde nun zwischen Rockstars und Super-Models, auf Tuchfühlung mit den heißesten Stars der Welt - und alle rissen sich um unsere drei Brüder.

Als Hanson „MMMBop" vor den Größen des Showbusiness spielte, blieb kein Star auf dem Platz sitzen. Alle tanzten, wippten mit den Füßen, tanzten in den Gängen. Während der jüngste Hanson, der 3jährige Mac, die Beine des Supermodels Elle MacPherson umarmt, tanzt sogar Mutter Diana zu den Klängen des Hits ihrer Söhne. Am Tag nach der MTV-Preisverleihung drehten Hanson noch eine Sendung mit Cindy Crawford auf der Melrose Avenue in Los Angeles.

In kürzester Zeit hatten es Ike, Tay und Zac geschafft, in den USA, in England, Deutschland, Australien und sogar in Japan auf Platz Eins zu stehen - Hanson waren weltberühmt! Und das nur ein halbes Jahr nach der Veröffentlichung ihrer CD „Middle of Nowhere"!

Die Welt war zum Planet MMMBop geworden!

Hanson-Pop

Musik ist
das Leben

Musik war schon immer ein wichtiger Teil im Leben der gesamten Hanson-Familie. Die Eltern, Walker und Diana, spielten und sangen während ihrer College-Zeit zusammen in Gospelgruppen und Bands. Mutter Diana war Musiklehrerin, und auch der Vater, obwohl bei einer großen Ölfirma tätig, war sein ganzes Leben lang musikinteressiert.

Im Haus der Familie standen immer Musikinstrumente. Zu Hause in Tulsa gab es ein großes Piano. Und die Mutter hatte ihren Kindern Klavierstunden erteilt. Ike und Taylor hatten schon sieben Jahren, bevor ihnen der Durchbruch gelang, regelmäßig Unterricht in klassischem Klavier genossen. Auch der junge Zachary spielte seit über vier Jahren Piano.

Musik liegt unseren Freunden also sicherlich im Blut. Mehr noch.

„Wir haben Musik wahrscheinlich in unseren Genen", philosophiert Tay. „Seit ich denken kann, gab es keinen einzigen Tag in unserem Leben, in dem wir nicht entweder selber Musik machten oder unseren Eltern zuhörten."

Da gibt es eine interessante Parallele - auch in der Kelly Family spielt Musik die wichtigste Rolle und wurde von den Eltern auf alle Kinder vererbt. Aber - wie schon gesagt - von den Kellys

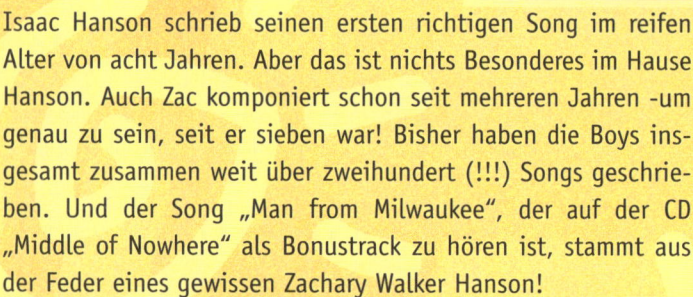

wollen Hanson ganz und gar nichts hören!

Isaac Hanson schrieb seinen ersten richtigen Song im reifen Alter von acht Jahren. Aber das ist nichts Besonderes im Hause Hanson. Auch Zac komponiert schon seit mehreren Jahren -um genau zu sein, seit er sieben war! Bisher haben die Boys insgesamt zusammen weit über zweihundert (!!!) Songs geschrieben. Und der Song „Man from Milwaukee", der auf der CD „Middle of Nowhere" als Bonustrack zu hören ist, stammt aus der Feder eines gewissen Zachary Walker Hanson!

Zac hat sich damit übrigens besonders bei Musikkritikern in den USA überschwengliches Lob verdient - die halten nämlich „Man from Milwaukee", einen tiefsinnigen, aber sehr rockigen Song über einen alten, heimatlosen Mann, den die Boys eines Tages an einer Bushaltestelle gesehen hatten, für einen der musikalisch anspruchsvollsten Popsongs der letzten Jahre. Vielleicht wird ja Zac eines Tages der nächste Michael Jackson!

„Uuurgghh!" stöhnt Zac bei der Nennung des Namens. „Nein danke. Mir gefällt mein Gesicht so, wie es ist!"

Das Besondere an der Musik von Hanson ist, daß ihre poppigen, ultra-hippen Lieder nicht nur ihren Altersgenossen (und ganz besonders den Altersgenossinnen!) gefällt, sondern Hanson finden wirklich Fans von sieben bis siebzig toll.

„Ihre Musik spricht Leser von Tiger Beat ebenso an wie die Leser der New York Times!" formulierte ein angesehener New Yorker Musikkritiker das Hanson-Phänomen. Dazu muß man wissen, daß Tiger Beat in den USA eine Zeitschrift ist wie hier in Deutschland die Bravo oder Popcorn, und die New York Times entspricht in der Leserschaft etwa der Frankfurter Allgemeinen oder der Süddeutschen Zeitung. Einig sind sich aber alle in einem - daß Hansons Musik von so unheimlich jungen Kids gemacht wird, ist absolut überraschend.

Für alle, die ihre Musik hören haben Hanson ihren Wahlspruch erfunden: „Beurteilt unsere Musik und nicht unser Alter! Es ist doch wirklich egal, wie jung oder wie alt wir sind, oder? Hört euch die Songs an. Wenn eure Füße dabei wippen, ist sie gut! Nur das zählt!"

Und wie sie wippen!

Berühmte und erfolgreiche Teen-Acts gibt's ja schon lange. Angefangen von den Beatles vor über dreißig Jahren über Gruppen wie die Jackson 5 oder die Osmonds, die in den Siebzigern angesagt waren, über die US-Sensation der achtziger Jahre, New Kids on the Block, bis hin zu modernen Bands wie Take That, Backstreet Boys, 'N'Sync oder Boyzone. Im Gegensatz zu den letztgenannten sind Hanson jedoch ein ganz anderes Kaliber!

Boybands vom Schlage 'N'Sync oder Take That sind sorgfältig gestylt, jeder der Boys übernimmt eine Rolle in der Band, ob er nun tatsächlich so ist oder nicht, spielt keine Rolle. Wo sich die Boybands von heute darauf beschränken, anderer Leute Lieder zu singen und dazu nur zu tanzen, sind die Songs von Hanson aus einem Guß - sie schreiben ihre Songs selber. Selbst die Songs auf „Middle of Nowhere", die in Zusammenarbeit mit anderen Künstlern zustande kamen, wurden von den drei Jungs zumindestens mitkomponiert! Drei der Songs von der CD entstammen auch ganz und gar der Feder unserer Freunde.

Und Hanson spielen ihre Instrumente auch selber.

Könnten sie sich denn vorstellen, daß irgend jemand Songs für sie schreibt und sie diese dann nur singen?

„Wir könnten das gar nicht", sagt Taylor. „Wir könnten uns nicht auf die Bühne stellen und anderer Leute Lieder singen."

„Doch!" widerspricht Ike. „Haben wir doch früher getan !"

„Ja, okay!" gibt Tay zu. „Aber heute ? Na ja, wir würden gerne was von Billy Joel singen. Wir haben das früher probiert. Ein Billy-Joel-Song 'For the Longest Time' von seinem Album 'An Innocent Man'. Wir brauchten ein Jahr, um die Harmonien hinzubekommen!"

„Aber Boybands? Urgh! Tanzen könnte eh keiner von uns!" bestätigt Bruder Ike.

„Doch!" schreit Zac mal wieder. „Ich könnte schon tanzen. Ich würde auch gerne. Aber ich darf nicht. Man läßt mich nicht! Meine künstlerische Freiheit wird mir mit Gewalt genommen!"

Als Dank für diese Bemerkung erntet Zac nur ein lautes Stöhnen seiner Brüder.

Taylor nimmt die Diskussion über ihre Musik viel ernster: „Hanson kannst du nicht mit Boybands vergleichen. Außerdem macht es wirklich einen großen Unterschied, ob nur einer singt oder wie bei uns alle, ob die Songs von dir stammen oder ob sie irgend jemand einfach so geschrieben hat."

Selbst die Spice Girls sind von einem Manager zusammengestellt worden.

Aber nicht Hanson!

Die Musik der drei Brüder liegt in ihrem Blut. Keiner mußte

ihnen sagen, was sie zu tun hatten. Im Gegenteil!

„Wenn uns irgendwer Vorschriften machen würde, wie unsere Musik klingen müßte - den würden wir glatt rauswerfen!" sagt Isaac. „Selbst unsere Eltern haben uns nie gesagt, was wir musikalisch zu tun haben."

„Wir selber können uns keine Vorschriften machen!" bestätigt Taylor. „Es war nicht so, daß wir uns eines Tages hinsetzten und sagten, wir machen jetzt Musik, damit wir reich und berühmt werden. Und das muß dann so und so klingen, damit es erfolgreich ist. Nein, nein, nein! Unsere Musik ist das, was wir fühlen. Wir sind vielleicht gar nicht gescheit genug, um zu wissen, was Erfolg ausmacht, aber ganz bestimmt wären wir viel zu jung und unerfahren, um das Ganze bewußt nur darauf auszurichten, Erfolg zu haben."

Nein, Hanson-Pop kommt wirklich von innen heraus. Deshalb sind die Songs so frisch und frech. Und deshalb gibt es Bands wie Hanson eben auch nicht jeden Tag.

Es gibt viele junge Musiker, die rockige Musik machen heutzutage. Die australische Band Silverchair zum Beispiel, die ihren ersten Hit hatte, als die Mitglieder gerade mal um die vierzehn waren. Der blonde, sechzehnjährige Rock-Boy Johnny Lang, der in den USA gerade viel Furore macht. Oder die Band Radish, deren fünfzehn Jahre alter Sänger Ben Kweller als Nachfolger von Kurt Cobain gehandelt wird. Radish Musik ist aber viel grungiger, viel dunkler als der fröhlich-rockige Pop von Hanson.

„Uff!" stöhnt Zac über die amerikanische Pseudo-Konkurrenz. „Radish! Wenn ich mal wirklich schlechter Laune wäre, würde ich vielleicht so klingen wie Radish! Aber wer will das schon?"

Selbst die amerikanische Country-Music hat ihre Teen-Sensation - die vierzehnjährige LeAnn Rimes, aber die sieht nicht nur aus wie ihre eigene Großmutter, die klingt auch so.

Das Phänomen Hanson ist wirklich nur mit den Jackson 5 zu vergleichen - oder mit den Beatles. Aber auch der Vergleich mit den antiken Fab Four - den fabelhaften Vieren, na, eben den Beatles - aus England stört Hanson.

Isaac: „Da will ich gar nicht in die Nähe gehen. Die Beatles finde ich zwar cool, sehr cool sogar. Aber die mit uns zu vergleichen, puh! Das ist mir einfach ein paar Nummern zu groß!"

Hanson singen Popsongs. Wie alle Popsongs handeln ihre Texte von Liebe, aber nicht nur davon!

„Das wäre ja etwas viel verlangt!" gesteht Tay. „Wir haben Lieder darüber geschrieben, wie es ist, von einem Mädchen verlassen zu werden. Dabei haben wir noch nicht mal eins geküßt!"

„Sprich für dich selber!" wirft Zac ein. Und erntet hämisches Lachen von seinen Brüdern. „Na ja", gibt er dann kleinlaut zu. „Ich bin erst gerade mal eben so zwölf, was soll ich jetzt schon mit Girls?"

„Zac ist erst vor kurzem aus der ICH-HASSE-MÄDCHEN- Phase herausgewachsen!" meint Bruder Ike und lacht.

Taylor nimmt das Thema wieder auf. Hanson schreiben natürlich über Liebe, sagt er, obwohl sie zugegebenermaßen noch nicht genau wissen, was das ist. Aber sie schreiben auch über andere Dinge - zum Beispiel über den Tod. Den Song „With You in Your Dreams" haben sie ihrer Großmutter Jane Nelson Lawyer gewidmet, die vor einigen Jahren gestorben ist. Es ist eine

wunderschöne, fast traurige Ballade, die den Schmerz beschreibt, wenn jemand stirbt, den man sehr geliebt hat. Darin singen sie:

„Weine nicht, wenn du aufwachst und ich gegangen bin, und wenn ich gegangen bin, wenn du aufwachst, ist es nicht Goodbye
Schau nicht auf diese Zeit zurück, als eine Zeit des gebrochenen Herzens und der Trauer

Denk an mich, denk an mich, denn ich werde bei dir sein in deinen Träumen."

Der Wahlspruch der Hanson-Brüder stimmt schon - man soll die drei Brüder nicht nach ihrem Alter beurteilen, sondern nach ihrer Musik. Denn eine solch traurig-schöne Ballade traut man einem Teenager manchmal nicht zu.

Aber „With You in Your Dreams" ist nicht der einzige Song auf ihrer CD, der zum Nachdenken anregt. Auch „Man From Milwaukee", Zacs kleines Meisterwerk, ist weit weg vom Pop der gängigen Boy Bands. Der Song handelt von einem Obdachlosen, den die Brüder eines Tages an einer Bushaltestelle in der Stadt Albuquerque im US Bundesstaat New Mexico sahen. Da auf Albuquerque kein Reim paßt, wurde aus Albuquerque eben Milwaukee. Zac war von dem Mann so beeindruckt, daß er sich in dessen Kopf hineinversetzen konnte und den Song schrieb.

„Er kommt von einem Ort, den niemand kennt."

So lautet eine Zeile, und es geht dann weiter:

„Vielleicht halluziniere ich, vielleicht hyperventiliere ich, lasse diesen kahlköpfigen Mann mit den großen Zehen über den Himmel erzählen...
Er sprach schon zu lange in sein gelbes Spielzeug Walkie Talkie.
Er sprach mit Mars, aber ich glaube, er ist verrückt.
Er sagt, sie werden kommen, um ihn zu holen, eines Tages.

Er sagt, er komme aus einem Ort, der Albertane heißt,
wo sie mehr als zehn Prozent ihres Gehirns benutzen.
Aber so, wie sie rumlaufen, könnte man sich täuschen.
Sie laufen in der Unterwäsche rum und rasieren sich nicht."

Auch ihr Hit „MMMBop" ist anders. In ihm singen Hanson darüber, wie wichtig es ist, Zeit mit denen zu verbringen, die man
liebt und gern hat. Denn eines Tages, so das Lied, sind sie nicht
mehr da: „In an mmmbop they're gone/In an mmmbop they're
not there." (auf deutsch: „In einem Mmmbop sind sie gegan-
gen/ in einem Mmmbop sind sie nicht mehr da.").

Nicht gerade gängige Pop-
Kost, könnte man sagen,
aber so sind Hanson eben! Ihre Fans wissen solche Texte zu
schätzen, die nicht nur lustig sind und fröhlich, sondern auch
manchmal zum Nachdenken anregen.

Das wissen auch Hanson. Während eines ihrer Konzerte in
Amerika begannen die Brüder auf eine ganz besondere Art: Fast
6000 Fans stehen seit Stunden in Atlanta und warten auf ihre
Idole. Als die drei Brüder endlich die Bühne betreten - Zac
zuerst, dann Taylor und als letzter Isaac - geht ein gewaltiger
Schrei durch die Menge. Bevor noch der erste Ton erklingt, sind
schon viele Mädchen ohnmächtig geworden. Der Lärm ist
ohrenbetäubend, die Boys haben Mühe, sich verständlich zu
machen.

Doch Zac steht am Mikrophon und wartet, bis der hysterische
Jubel der Fans etwas nachläßt. Aber er muß lange warten.
Endlich nimmt er sein Megaphon in die Hand und schreit ins

Mikro: „Ruhe, Ruhe! Seid doch bitte mal ruhig. Wir wollen euch um etwas bitten!"

Erst langsam ist der Lärm soweit abgeklungen, daß Isaac ans Mikro gehen kann. Mit ruhiger Stimme bittet er die Fans: „Wir wollen unser Konzert mit einem ganz besonderen Song anfangen, den wir unserer Oma gewidmet haben, aber dazu müßt ihr erst mal ganz leise sein!"

Wie durch ein Wunder tritt langsam Ruhe im weiten Rund ein. Und dann beginnen Isaac, Taylor und Zachary mit einer A-capella-Version (also ohne Instrumentenbegleitung) von „With You in Your Dreams". Andächtig hören Tausende von Fans dem wunderschönen Lied zu. Viele Mädchen haben Tränen in den Augen. Als der letzte Ton verklingt, liegt noch ein, zwei Sekunden lang andächtige Stille über der Menge. Die Brüder stehen unbeweglich und still an ihren Mikros. Dann bricht auf einmal frenetischer Beifall aus.

Der Bann ist gebrochen. Aber die Fans haben verstanden, daß Hanson-Pop zwar irre viel Spaß macht, daß man aber die Welt um einen herum dabei nicht vergessen darf. Zac rennt wie ein wild gewordener Handfeger hinter sein Schlagzeug, und die Band beginnt mit einer super-fetzigen Version von „Where's the Love" ihre Show. Und die frische Unbeschwertheit der Hansons geht unmittelbar auf die 6000 Fans über. Danach schieben Hanson gleich noch einen Knaller hinterher, „Look at You", und die Zuschauer flippen völlig aus.

Über dreißig Minuten lang reißen Hanson die Masse mit, mit rockigen Nummern, ab und zu unterbrochen von stimmungsvollen Balladen, bis sie am Ende mit dem Song aufhören, auf den alle gewartet haben - „MMMBop". Die Fans sind aus dem

Häuschen, wollen eine Zugabe, schreien nach mehr. Aber die Boys sind unter der Obhut ihrer Eltern schon unterwegs in den nächsten Ort, an dem sie auftreten.

Wenn man die Brüder fragt, wie sie ihre Musik denn selber nennen würden, weiß eigentlich keiner eine Antwort.

„Du darfst dir was aussuchen, und wir sagen ja oder nein", meint Zac und lacht. Aber das ist nicht so einfach.

„Nenn uns alles, nur nicht alternativ!" meint Ike. Für Hanson ist Alternativ-Rock voll out. Das interessiert sie nicht.

Taylor sagt: „Ich glaube, daß sich die Musik ganz allgemein weg bewegt vom Alternativ-Rock. Die Musik, die wir machen, ist positiver, frischer, macht viel mehr Spaß. Wenn du ein Wort dafür findest, laß es uns wissen!"

Und Isaac: „Wir haben immer nur die Musik gemacht, die wir selber lieben. Anders geht das für uns nicht. Wir haben uns nie um andere Bands gekümmert oder welches Etikett man dafür hat. Wir machen das, was uns gefällt. Punkt!"

Video-Superstar

Mit den **Hansons** beim **Videodreh**

Gekonnt springt Taylor auf seinen Inline-Skates über den Bordstein und rast in atemberaubenden Tempo auf dem Gehweg in Richtung Parkplatz. Plötzlich schießt Zac von rechts ins Bild, und - rumms! Die beiden knallen zusammen.

Schnitt

Die Brüder streuen Samen, in Blitztempo wächst eine knallbunte Blume, und Hanson spielt in der Blüte - ein toller elektronischer Trick!

Auf einmal albern die drei mit Albert Einstein herum.

Das sind nur ein paar Szenen aus dem „MMMBop"-Video, das alle sicher schon zigmal gesehen haben. Videos sind ein ganz besonderer Spaß für die drei Brüder, vor allem weil Tay und Zac selber ganz gewiefte Filmer sind. Irgendwann einmal wollen sie sogar ihren eigenen Film drehen, selbstgezeichnet und voll mit Comic-Figuren. Für ihre Videos aber müssen sie sich noch auf Profis verlassen. Sie sind froh, daß ihre Plattenfirma ihnen die Besten zur Verfügung gestellt hat. Den „MMMBop"-Clip drehte übrigens die Frau von Beastie Boy Mike D.! Ganze zwei Tage - vom 1. März 1997 bis zum 3. März - standen die Jungs vor den Kameras. Gedreht wurde in Hollywood, Malibu, Venice Beach und dem San Fernando Valley in Los Angeles.

„Das war extrem obercool!" schwärmt Ike von den Dreharbeiten. „Davis, die Regisseurin, war unglaublich. Sie setzte sich mit uns zusammen und hörte sich an, was wir zu sagen hatten." Dann verschwand sie für ein paar Tage, um ganz unvermittelt bei den Jungs vorbeizuschauen.

„Sie sagte, sie könnte sich das Video so und so vorstellen und was wir davonhalten würden. Wir hatten vollen Input!"

„Das war ja auch das erste Mal, das wir überhaupt ein Video drehten", fügt Zac hinzu. „Wir wollten einfach zeigen, was uns Spaß macht, ziemlich cool!"

Taylor: „Aber es ist wirklich nur ein Spaß-Video, wir rennen viel rum, blödeln mit Albert Einstein, jammen auf dem Mond - es hat nicht viel zu bedeuten, es soll nur unseren Spaß ausdrücken."

Die Boys bestanden darauf, ein paar Inline-Szenen im Clip zu haben, weil ihrer Meinung nach ihr Video keine große Story erzählen sollte, sondern nur die Jungs bei dem zeigen sollten, was sie gerne tun - auch hier sind Hanson einfach ehrlich und unkompliziert!

Einige der Szenen wurden auch im Haus der Dust Brothers gedreht, die „MMMBop" produziert hatten.

„Einige der Sachen sind natürlich gestellt", gibt Tay zu, „aber das meiste passierte einfach spontan. Wie zum Beispiel Zacs Sprung in den Pool!"

Auch ihr zweites Video, diesmal für den Chart-Renner „Where's the Love", war voller Überraschungen.

„Das war extrem witzig", erzählt Taylor. „Wir kamen gerade aus Australien und waren auf einer Promo-Tour in London. Wir hatten eigentlich gar keinen Videodreh eingeplant, aber es war unglaublich schönes Wetter, deshalb dachten wir, hey, wir machen ein Video. Wir wußten schließlich, wie's ging." Also packten die Boys ihre Inline Skates und ließen sich dabei abfilmen, wie sie über den Trafalgar Square rasten.

„Eine Einstellung wollte einfach überhaupt nicht hinhauen!" erzählt Zac. „Wir wollten eine Szene mit den vielen Tauben drehen, die saßen da einfach rum. Also versuchten wir, sie dazu zu bringen, daß sie sich auf meine Arme setzen. Ich stand irre lang ganz still mit ausgestreckten Armen, aber keines dieser verrückten Viecher kam auf die Idee, sich auf mich zu setzen. Es wäre so ein cooler Shot geworden!"

Wenn der Prophet nicht zum Berg kommt, muß eben der Berg zum Propheten. Als die Tauben nicht wollten, entschieden sich die Jungs einfach, die Tauben herumzujagen. So entstand eine der lustigsten Szenen des Clips.

In einer der Aufnahmen spielen Hanson in einem Park - Covent Garden. Dafür mußten sie eine besondere Erlaubnis einholen, wie alle anderen Straßenmusiker übrigens auch.

„Unglaublich", wundert sich Zac. „Wir wollten nur ein paar Aufnahmen machen. Jetzt haben wir die Erlaubnis für den Rest des Jahres, auf der Straße beim Covent Garden auftreten zu dürfen."

Obwohl viele der Mitwirkenden Models waren, sind doch der Großteil der Leute, die man im Video sehen kann, ganz normale Passanten. Hanson wollten besonders viele Menschen zeigen, die sich an der Hand halten, zärtlich zueinander sind, schmusen. Aber sie wollten natürlich auch keine heimlichen Aufnahmen machen - zumal das ja verboten ist.

„Wir haben sie gefragt, ob sie mitmachen wollten", meint Ike, „Viele zögerten ein wenig, wahrscheinlich weil sie sich etwas genierten. Zärtlich zu sein in der Öffentlichkeit, na ja, ich kann das verstehen, ich bin ja auch ziemlich schüchtern. Aber am Schluß haben sie alle mitgemacht. Mit einer Ausnahme: Es gab nur zwei, die etwas dagegen hatten - ein altes Touristenehepaar aus Deutschland!"

Also aufgepaßt, Hanson-Fans! Wenn eure Lieblingsgruppe zufällig in eurer Gegend ist, besteht vielleicht die Chance, bei einem der nächsten Videodrehs teilzunehmen. Wäre das nicht cool?

In London war das jedenfalls so. Wie ein Lauffeuer hatte es sich rumgesprochen, daß die süßen Boys auf dem T-Square drehen, wie der Platz bei den Londonern heißt. Auf einmal waren Hanson und ihre Filmcrew von Dutzenden Girls umringt, die unbedingt Autogramme von ihren Stars haben wollten.

Abgeschlossen wurden die Dreharbeiten dann in einer leerstehenden, riesigen Fabrikhalle, wo die Innenaufnahmen gemacht wurden.

Probleme gab's allerdings auch in London - Taylor mußte den Refrain zu „Where's the Love" so oft singen, daß er am Schluß der Dreharbeiten heiser war und nicht mehr sprechen konnte.

„Das war doch gar nichts!" beschwert sich wieder mal Zac. „Wir sind so lange durch London gerannt, daß mir tagelang danach noch die Füße weh taten!"

Abheben ist nicht

Das neue Leben der
Superstars

Die drei Brüder sitzen relaxt in einem Hotel in München. Die Familie Hanson hat mehrere Zimmer und eine Suite belegt, um alle unterbringen zu können - denn bei den Hansons ist immer noch alles beim Alten: Wenn einer reist, kommen die anderen mit. Eine Fotosession haben sie heute schon hinter sich und fünf Interviews. Jetzt haben sie sich eine Ruhepause verdient. Aber Zac kann einfach nicht sitzen bleiben - wie üblich rennt er wie ein Verrückter durch alle Zimmer.

Das Leben hat sich für Isaac, Taylor und Zachary zwar total verändert. Noch vor einem halben Jahr waren sie einfach drei nette Jungs aus Tulsa, die ein bißchen Musik machten und große Träume hatten. Keine sechs Monate später sind sie Superstars. Doch die Boys sind so natürlich geblieben wie früher.

Klar, sie haben Erfolg: „Mit der Nummer Eins in Amerika, Deutschland, Japan und England hast du's definitiv geschafft!" freut sich zum Beispiel Isaac.

Aber ihre Tagesabläufe haben sich doch gewaltig verändert. Manchmal erinnert das alles an einen Zirkus.

Sehen wir uns doch mal an, was unsere Freunde in den letzten Monaten so hinter sich gebracht haben:

Im vergangenen halben Jahr reiste die Familie von Tulsa nach Los Angeles, nach Deutschland, England und Frankreich. Dann ging's nach Japan, von Japan nach Australien. Danach gab's einen Blitzurlaub in Bali. Wieder in den Flieger, zurück in die USA zu mehreren Konzerten und unzähligen Interviews und Fotosessions. Wieder nach England. Wieder nach Deutschland. Zurück in die USA. Und wahrscheinlich haben wir den einen oder anderen kurzen Trip sogar noch vergessen.

Täglich gehen bei den Hansons und bei der Plattenfirma Wäschekörbe voller Post von Fans aus aller Welt ein - 25.000 Briefe allein in einem Monat.

„Davon waren mindestens die Hälfte Liebesbriefe für Tay!" hänselt Zac seinen älteren Bruder.

Die Hanson-Website im

Internet - designed übrigens von Computer-Wizz Taylor! - hatte schon zwei Monate nach ihrer Eröffnung über 100.000 Zugriffe.

„Wow!" Ike ist von dieser Zahl tief beeindruckt. „Es ist alles einfach unglaublich! Trotzdem - eigentlich haben wir uns nicht verändert. Hoffe ich jedenfalls!"

Keine Sorge, Ike, solange ihr noch ungeniert rumalbern könnt!

Allerdings gibt es im Leben der Hansons auch einige Dinge, die sie bedauern. Ihre Freunde in Tulsa sehen sie nicht mehr so oft. Aber wenn sie mal einen oder zwei Tage Ruhe haben in ihrer alten Heimat, dann machen sie schon mal einen drauf.

„Kurz nachdem die CD rauskam", erklärt Tay, „ waren wir bei einem MTV-Interview, und die fragten uns, was wir machen würden, wenn wir die Nummer Eins schaffen. Wir wußten ja, daß alle unsere Kumpels im Pizza-Laden in Tulsa zuschauen würden, und deshalb haben wir gesagt, wir feiern im Laser Quest im Shopping Center daheim eine riesige Party, sollten wir den Platz Eins schaffen."

„Tja, eine Woche später war es schon soweit!" fügt Zac hinzu.

„Und deshalb haben wir alle unsere Kumpels zu einer unglaublich coolen Party im Laser Quest eingeladen", erzählt Taylor. Da feierten sie einen halben Tag lang.

„Ja, das war so eine irre Party", freut sich Ike, „am Schluß haben sie uns alle aus dem Einkaufszentrum rausgeschmissen.".

Haben die alten Freunde nicht das Gefühl, daß Ike, Tay und Zac sich jetzt doch verändert haben und zu unnahbaren Superstars geworden sind?

Zac protestiert: „Mann, wenn das mal passiert, müssen sie

uns alle einen riesigen Tritt in den Hintern verpassen. Wir sind immer noch die gleichen wie früher. Oder?"

„Unsere Freunde in Okie-Land (das ist der Spitzname für Oklahoma) freuen sich zwar unheimlich mit uns, halten unsere Füße aber schon auf dem Boden!" meint Isaac. „Die meisten unserer Kumpels spielen selber in Bands, die lassen sich höchstens hin und wieder ein paar Tips von uns geben. Aber sonst behandeln sie uns wie früher auch!"

Taylor hat eine Erklärung dafür, daß ihre Freunde sie genau so behandeln wie früher: „Wir waren immer schon verrückt! Ich meine, wir waren nie normale Jungs, immerhin sind wir schon in einer Band, seit wir laufen können. Was ist dann noch normal?"

Auf Reisen ist es etwas anders. Da wird die Bewunderung ihrer Fans schon manchmal unheimlich.

„Wir waren in London!" erinnert sich Taylor. „Das war, als wir das Video für 'Where's the Love' drehten. Wir gingen in einen McDonalds und standen ganz normal in der Schlange. Und da hörte ich auf einmal, wie es ganz still wurde im Laden. Und dann begann so ein Flüstern: 'Hey, das ist Taylor'... 'Zac '... und so. Das war echt unheimlich, richtig uncool. Ich meine, keines der Girls hat uns angeredet, sie sprachen nur über uns. Mir lief es richtig kalt den Rücken runter."

Ike beendet die Story für seinen Bruder: „Yeah, wir haben unsere Burger gegriffen und sind ganz schnell aus dem Laden verschwunden."

Sonst ist ihnen die Bewunderung der Fans aber sehr angenehm.

„Ja, es ist doch toll, wenn dich Mädchen anhimmeln", meint der Mädchenschwarm Tay mit einem gespielten Augenaufschlag. „Ich finde es schön, wenn Menschen dich mögen. Wir versuchen, auch soviel Kontakt wie möglich mit den Fans zu halten. Wir chatten zum Beispiel ziemlich oft auf unserer Website mit Kids. Das hat den Vorteil, daß wir das von überall auf der Welt machen können."

Vater Walker Hanson sorgt aber dafür, daß seine drei Söhne nicht abheben vor lauter Star-Rummel. Er ist immer und überall mit dabei, sitzt bei fast jedem Interview im Hintergrund und paßt auf, daß seine Söhne nicht allzuviel Blödsinn anstellen. Er achtet aber auch darauf, daß sie nicht überfordert werden, denn: Hanson sind zwar Superstars, aber sie sind trotzdem noch Jungs, die in ihrer Freizeit spielen wollen und sollen.

„Unsere Familie sorgt dafür, daß wir nicht ganz in die Star-Stratosphäre steigen!" Isaac lacht. „Wir sind zusammen sechs Kinder, und wir reisen mit Mom und Dad durch die Welt. Es ist zwar toll, Stars zu sein, aber trotzdem bleibst du Realist, wenn du nach einem Auftritt wieder mit deinen Brüdern und Schwestern zusammen bist, die dir eins über den Kopf knallen!"

Zac: „Außerdem hilft es, aus Oklahoma zu kommen. Die Leute dort behandeln dich wie einen normalen Menschen, egal, wie berühmt du bist."

Und Taylor stimmt zu: „Familie ist schon wahnsinnig wichtig. Schau dir doch die BeeGees an, die haben auch immer zusammengehalten und keinen Blödsinn gemacht, oder?"

„Tja, Mom and Dad sind wirklich toll!" sagt Taylor. „Dad ist zwar immer sehr streng und paßt auf, daß wir jeden Tag

mindestens vier Stunden lernen. Aber er drückt auch mal ein Auge zu."

„Wie neulich, als wir in Köln waren!" ruft Ike begeistert. „Wir hatten uns die Inline Skates angeschnallt und sind einfach durch die Innenstadt gerast. Das war toll. Leider kamen wir deshalb zwei Stunden zu spät zu einem Interview-Termin."

Zac: „Wir hatten's total vergessen. Am Anfang war Dad noch sauer, weil wir die Reporter warten ließen. Aber wir haben ihn dann mit unseren sechs Rehaugen angeguckt. Und da mußte auch er lachen."

Auch sonst halten die Eltern an strikter Disziplin für ihre Söhne fest. Wenn Mom oder Dad etwas sagen, gibt es keinen oder nur wenig Widerspruch. Der Tagesablauf ist festgelegt - morgens unterrichten die Eltern Ike, Tay und Zac - zur Zeit übrigens in Französisch, Portugiesisch, Geschichte und Algebra („Puuh!" stöhnt Ike). Jeden Tag ist ein wenig Zeit freigehalten für das Familiengebet, denn wie schon gesagt, die Hanson sind strenge Christen.

Aber trotz aller Disziplin, trotz des „Home Schooling" (auf deutsch: Heimunterricht), trotz der oft anstrengenden Pflichten als Stars - die Brüder haben immer genügend Zeit zum Spielen, Herumalbern oder für ihre Lieblingsbeschäftigung (neben Musik, natürlich!) - Sport!

Allerdings - wie alle wilden Boys - übertreiben es die Brüder auch manchmal. So war Isaac vor wenigen Wochen in einen Unfall verwickelt, der beinahe tragisch endete. An der kalifornischen Küste wollte er ein bißchen surfen (Ihr erinnert euch? Ike lernte in Südamerika surfen.), als ihn eine riesige Welle

erwischte. Sein Kopf wurde unter Wasser in den Sand gedrückt, und Ike konnte sich nur mit viel Glück aus der gefährlichen Lage befreien.

„Mom und Dad waren natürlich erst unheimlich erschrocken!" berichtet Ike. „Und dann waren sie aber auch glücklich, daß alles glimpflich abging. Aber Dad nahm mich dann zur Seite und sprach mit mir darüber, daß ich auch Verantwortung für meine Brüder trage. Ich habe ihm versprochen, vorsichtiger zu sein!"

Wie schon gesagt, auch ihren geliebten Heimtort Tulsa sehen die Boys nicht mehr so oft. Wenn sie nicht auf Reisen sind, wohnen sie heute öfter in der Riesenstadt Los Angeles als in Oklahoma. Zwar haben die Hansons auch in Tulsa ein Haus - sie sind in der Zwischenzeit in ein größeres Haus umgezogen -, aber der Erfolg der Brüder macht es notwendig, daß die Familie mehr Zeit in der Filmstadt verbringt. Los Angeles gefällt den Brüdern zwar - das hat halt vor allem mit dem Musikgeschäft zu tun -, allerdings finden sie es nicht so toll wie Tulsa, weil alles viel größer und unübersichtlicher ist und die Leute auch nicht so nett sind wie in Tulsa, viel oberflächlicher.

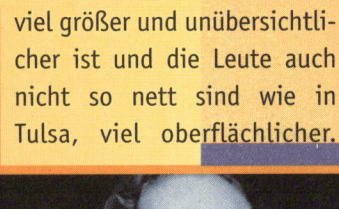

Aber in Los Angeles bieten sich ihnen eindeutig mehr Möglichkeiten.

„Wir werden aber immer Jungs aus Okie-Land bleiben. Und wir werden auch so viel in Tulsa sein, wie es nur geht." Darauf besteht Taylor mit ernster Miene. „Wir vergessen nie, wo wir herkommen."

„Und wo wir hingehören!" bestätigt Ike.

Und jetzt sitzen sie in ihrer Hotelsuite in München. Zac hat sich entschieden, wieder Pommes mit Ketchup zu verzehren. Was gefällt ihnen denn in Deutschland?

„Würstchen!" schreit Zac, und seine Brüder bestätigen dies mit heftigem Nicken. „Würstchen sind außerordentlich cool!"

„Aber wir haben immer noch nicht das berühmte Märchenschloß gesehen!" moniert Taylor.

Seit Hanson das erste Mal in Deutschland waren, wollten sie immer schon das Schloß des alten bayerischen König Ludwigs II. besuchen, aber bisher hat die Zeit dafür nie gereicht. Das 'Cinderella Castle' in Disneyland wurde dem bayerischen Schloß nachempfunden, und alle Hansons - auch Mom und Dad übrigens - haben sich fest vorgenommen, sich das Original einmal anzusehen.

Hanson in der Zukunft

Was kommt als nächstes?

Für die nächsten Monate werden die Hanson-Boys genau das machen, was sie im Augenblick tun - reisen, auftreten, Interviews geben, für unzählige Fotografen und Fernsehkameras lächeln. Wenn im Winter '97 ihre erste richtig große Tournee - mit sechs Back-up-Musikern - gelaufen sein wird , soll es erst mal einen wohlverdienten Urlaub geben.

„Dabei wollen wir aber auch nicht nur faul in der Sonne liegen", sagt Tay. „Wir planen ja schon die nächste CD."

Material dafür hätten sie schon genug - kein Wunder bei einer Band, die schon Hunderte von Songs geschrieben hatte, bevor ihr erstes richtiges Album auf den Markt kam. Wann diese CD erscheinen wird, wissen sie noch nicht genau, aber vielleicht im Sommer '98.

Viele skeptische Kritiker fragen schon heute, ob Hanson denn eine musikalische Zukunft haben oder ob sie nur das kurzlebige Phänomen eines Sommers bleiben. Wenn man sich den Jubel der Hanson-Fans weltweit ansieht, besteht wohl kein Zweifel, daß die Hanson-Brüder eine supertolle Zukunft haben - in Japan schrien sich Zehntausende Fans die Kehlen heiser, in Australien mußte ein Flughafen gesperrt werden, weil die Fans die Piste stürmten, als die Boys einflogen!

In ihrer Heimat Amerika stürmten Tausende von Fans zu ihren Konzerten, und die Boys schafften es nicht nur einmal, die Top Ten zu brechen, sondern mehrmals hintereinander. Da kann man wohl wirklich nicht mehr von einem „One Hit Wonder" reden, oder?

„Ich hoffe, ich werde noch in fünfundzwanzig Jahren bei Hanson spielen!" sagte Isaac in einem Interview.

Wir hoffen doch auch, daß die Hanson-Brüder noch viele Jahre ihre super Popsongs schreiben und für uns singen werden. Und wer weiß, vielleicht sind es ja demnächst mehr als nur Isaac, Taylor und Zachary, die auf der Bühne stehen - die Schwestern Jessica und Avery und auch der kleine Mac stehen schon in den Startlöchern!!

Und die Gefahr, die vielen erfolgreichen Bands wie Take That zum Beispiel droht, nämlich sich aufzulösen, die besteht bei den Hanson-Brüdern ja wohl kaum.

„Die Band irgendwann einmal auslösen?" fragt Zac verständnislos. „Auflösen? Wie sollen wir aufhören, 'ne Band zu sein? Wir sind doch Brüder!"

Eines wird sicher passieren - von Hanson werden wir noch mehr als nur Popmusik zu erwarten haben. Zumindest Taylor und Zachary wollen bald einmal zusammen einen Film drehen - hinter der Kamera sogar. Angefangen haben sie schon: Einer ihrer kurzen Zeichentrickfilme dreht sich um eine Batman-ähnliche Figur.

„Wir haben schon eine Verfolgungsjagd fertig", begeistert sich Tay. „Am Schluß fliegt der Bösewicht von einem Wolkenkratzer herunter..."

Zac unterbricht ihn: „...und landet - Splash!, Kow, Perwankkk! - 100 Stockwerke tiefer auf der Straße!! Wir benutzten Unmengen von Ketchup dafür. Sehr cool!"

Where's the Love?

Hanson
und die Liebe

Das Kapitel über die Liebe ist das kürzeste in diesem Buch. Eigentlich ist es ja auch kein Wunder, denn unsere Boys sind ja noch so unglaublich jung. Viele ihrer Lieder handeln trotzdem von Girls und Liebe, also, wie kommt's?

Zachary ergreift sofort das Wort: „Wenn du Popsongs schreibst, schreibst du automatisch über Liebe. Gut die Hälfte aller Songs, die überhaupt je geschrieben wurden, handeln von Liebe."

Isaac stimmt zu: „Hey, das ist natürlich - Pop und Liebe gehören halt zusammen."

Zac: „Ike ist eben der Love-Freak! Er träumt ständig von irgendwelchen Girls!"

Tay: „Hoffnungsloser Romantiker eben!"

Und schon ist wieder die übliche Hanson-Kabbelei im Anzug.

Aber keiner von den dreien hat bisher eine Freundin. Das kann sich zwar schnell ändern - vor allem bei Isaac, dem Ältesten! - aber, so sagt Isaac: „Mann, wir hätten ja gar keine Zeit für Liebe. Ich bin romantisch, gebe ich ja zu. Für mich kommt nur eine richtige Beziehung in Frage. Ich bin auch echt gespannt darauf, wie es ist, das erste Mal so richtig verliebt zu sein. Nur schnell mal küssen und so finde ich nicht cool. Da muß schon Respekt füreinander da sein und richtige Liebe. Sonst möchte ich das nicht. Und für so etwas sind wir einfach zu viel unterwegs. Ich kann auf meine ganz große Liebe warten."

Das Traum-Girl gibt es für Isaac eigentlich nicht. Schönheit ist für den Romantiker gar nicht so wichtig wie Ehrlichkeit und Selbstbewußtsein. „Sie muß zu ihrem Typ stehen!" meint er überzeugt.

Aber - wie gesagt - wer weiß, was die Zukunft bringen wird für Ike.

Taylor ist der Boy, der die meisten Verehrerinnen der drei hat. Mit seinem traumhaften Aussehen, den langen blonden Haaren (mit dem kleinen Zopf am Hinterkopf!) und seinen tiefen blauen Augen, schwärmen Heerscharen der süßesten Girls für ihn. Aber auch Tay ist nicht verliebt. Vielleicht ist er zu schüchtern, denn nach eigenen Angaben würde sich Tay nie trauen, ein Mädchen anzusprechen. Aber vielleicht ändert sich das ja, wenn er einmal die Richtige trifft. Wie die sein muß, weiß Taylor schon heute:

„Vor allem muß sie zärtlich sein und so romantisch wie ich. Das wichtigste aber ist Treue. Da spielt das Aussehen dann keine Rolle mehr."

Taylor gibt seinem Bruder Isaac recht,

wenn es darum geht, was Liebe wirklich bedeutet: „Ike hat recht. Liebe ist etwas, mit dem man sorgfältig umgehen soll. Das ist nichts für kurze, heftige Augenblicke. Liebe dauert vielleicht sogar ein Leben lang. Wenn ich einmal die Richtige getroffen habe."

Für Nesthäkchen Zac liegt die Sache klarer: „Neulich fragte mich ein etwas älteres Mädchen, ob ich mit seiner Schwester ausgehen würde. Ich sagte nur, Yeah!, in zehn Jahren vielleicht. Mann, ich bin jetzt zwölf Jahre alt. Ich bin doch noch viel zu jung! Wenn ich mal mit einem hübschen Girl ausgehe, was mache ich dann danach, huh?"

Viele Hanson-Fans sind nicht Zacs Meinung, daß er noch zu jung ist. Nach Tay ist er derjenige, der die meisten Plüschtierchen geschenkt bekommt.

„Manche hat er in seinem Baumhaus versteckt!" albert Ike.

„Hab' ich nicht!" schreit Zac empört - und wird dabei aber richtig rot.

Aber unser Clown Zac kann nichts ernst nehmen. Sofort setzt er wieder seine Leidensmiene auf und jammert aus Spaß:

„Ich habe keine Girls als Fans, ich bekomme immer nur Jungs und Verrückte ab."

Tay haut ihm mit einer Zeitung über den Kopf. „Gesteh sofort, daß das nicht stimmt!"

Im Spaß verbeugt sich Zac vor seinem Bruder: „Okay, ab und zu erbarmt sich auch mal ein Mädchen."

Die drei begehrten Boys wissen aber auch, daß sie von den Girls oft nur deshalb angehimmelt werden, weil sie Superstars sind, und sie können sehr wohl unterscheiden zwischen echter Liebe

und Bewunderung.

Sagt Isaac: „Oft haben die Liebesbriefe ja gar nichts mit uns zu tun, sondern nur damit, daß wir auf der Bühne stehen und singen. Unsere Eltern haben uns da den Kopf schon zurechtgerückt!"

Da die Hanson-Eltern strenggläubige Christen sind, sehen sie es sowieso nicht gerne, wenn ihre jungen Söhne mit Mädchen flirten.

„Sex ist in unserer Familie kein Thema!" gestand Tay einer deutschen Zeitschrift.

Und in einem Interview mit einer englischen Illustrierten gestand Ike, einmal sogar richtigen Ärger bekommen zu haben, als ihn sein Vater dabei erwischte, wie er mit einem süßen Girl Händchen gehalten hatte.

Früher oder später werden unsere Freunde aber sicherlich noch den richtigen Girls über den Weg laufen - eins für den romantischen Isaac, eins für den schüchternen Taylor, und ganz sicherlich auch irgendwann einmal eins, das den durchgedrehten Zachary zügeln kann.

Bis dahin darf Daddy Hanson noch auf seine drei Söhne aufpassen.

Fan-Test

Seid Ihr sicher,
dass Ihr alles über Hanson wisst?
Hier Euer ganz persönlicher Check.
Los geht's!

1. Aus welcher Stadt kommen Hanson?
2. An welchem Fluß liegt die Heimatstadt der Hansons?
3. Wo und wann hatten Hanson ihren ersten großen Auftritt?
4. Was bedeutet es, wenn Hanson „a capella" singen?
5. Welcher der Brüder sammelt Trommelstöcke?
6. Womit hat Ike sich das Geld für die erste Gitarre verdient?
7. Woher stammt Zacs erstes Schlagzeug?
8. Wie alt war Tay, als er sein erstes Keyboard bekam?
9. Welche der Brüder können phantastische Comics zeichnen?
10. Womit besänftigten Hanson ihre Eltern, als sie sich einmal um die Hausarbeit gedrückt hatten?
11. Wie heißen die Geschwister von Zac, Tay und Isaac?
12. Welche Augenfarbe hat Tay?
13. Auf welchem der Weltmeere hat Isaac zum erstenmal gesurft?
14. Worauf hat Zac in Trinidad gern getrommelt?
15. Wo wurde Zac geboren?
16. Welcher der Brüder bekommt die meisten Liebesbriefe?
17. Welchen Spitznamen hört Isaac gar nicht gern?

18. Wer ist besonders schlecht in Mathe?

19. Welchem seiner größeren Brüder macht der jüngste Hanson, Mackie, Konkurrenz?

20. Welches Sternzeichen ist Tay?

21. Was ist die schlimmste Unart von Tay?

22. In welchem Video-Game ist Zac besonders gut?

23. Wie lautet der Hanson-Spitzname für Oklahoma?

24. Was außer Fritten essen Hanson in Deutschland besonders gern?

25. Was ist die Lieblingssportart der drei Brüder?

26. Welcher der Brüder hat ein Baumhaus, in dem er seine Schätze sammelt?

27. Was nimmt Zac zu jedem Auftritt mit?

28. Was trinken Hanson nach einer anstrengenden Bühnenshow: Cola, Milch oder Wasser?

29. Welcher der Brüder kann nie lange stillsitzen?

30. Wie heißt die CD, mit der Hanson groß rauskamen?

31. In welche Schule gehen Hanson?

32. Welche Sportart verbot Walker Hanson seinen Söhnen, weil sie zu gefährlich war?

33. Welches Lebensziel hat Zac?

34. Wer ist Tays Lieblings-Filmstar?

35. Wer entwarf die offizielle Website „Hansonline"?

36. Wer von Hanson ist Linkshänder?

37. Für welchen der Brüder schwärmst du?

Na, alles gewußt? Super! Wenn nicht, solltet Ihr Euer Gedächtnis ein wenig auffrischen und schnellstens dieses Buch weiterlesen. Viel Spaß dabei!

(Antworten auf Seite 128)

Steckbriefe

Hanson – die Band

Musikstil	„Weiß ich nicht!" sagt Taylor. Aber nach einigem Überlegen einigt man sich auf: melodiöser Harmonie-Pop-Rock mit Skate-Punk-Einflüssen und Sly-beeinflußtem Funk, unterlegt mit Heavy Soul. War ja doch ganz einfach, oder nicht?
Erster grosser Auftritt	Beim NeoFest in Tulsa, Oklahoma, im Frühjahr 1992.
Motto	Beurteile unsere Musik und nicht unser Alter.
Eltern	Walker und Diana Hanson
Geschwister	Schwester Jessica (Jessie), 8 Jahre Schwester Avery (Avie), 6 Jahre Bruder Mackenzie (Mackie oder Mac), 3 Jahre
Musikalische Einflüsse	„Classic Rock" der späten 50er Jahre, besonders Chuck Berry, Johnny Taylor, The Supremes, Jackson 5, Beatles.
Zwischen-brüderliches	Als sie jünger waren, übten sie Karate zusammen, bis Vater Walker es nach mehreren leichten Verletzungen untersagte. Heute haben sie sich auf andere Sportarten geeinigt (kommt später). Daddy Hanson ist immer noch besorgt. Zu Recht.

Schule

Bis auf eine kurze Zeitspanne (in Venezuela) wurden die Hanson-Brüder von ihren Eltern unterrichtet. „Home Schooling" nennt man die in den USA akzeptierte Praxis. „Home Schooling" ermöglicht es den Brüdern, neben der schulischen Ausbildung an ihrer Karriere zu arbeiten. Müßten sie nämlich regulär die Schule besuchen, stünden sie laut Isaac: „...im Guinness Buch der Rekorde mit über einer Million Fehlstunden!" Zur Zeit reisen die Brüder außerdem noch mit einem Mathematiklehrer, da speziell Isaac in Mathe ziemlich schlecht ist.

CDs

Zwei selbstproduzierte und eigenveröffentlichte CDs, „Boomerang" (1994), eine Kollektion von Cover-Versionen und selbstkomponierten Stücken ohne Instrumente, und „MmmBop"(1996), ein rockiges Album, auf dem die Brüder schon Instrumente spielten. Auf „MmmBop" ist übrigens schon die erste Version des späteren Superhits zu hören. Beide Alben sind nicht mehr erhältlich außer in Liebhaber-Shops und in und um Tulsa, Oklahoma. Beide sind deshalb wertvolle Sammlerstücke.

Im Frühjahr 1997 erschien dann „Middle of Nowhere" bei Mercury Records – in Deutschland übrigens einige Wochen nach der US-Veröffentlichung

Besonderheiten	Die Hanson-Brüder kommen aus einer tief-religiösen Familie. Sie haben sogar ihre CD „Middle of Nowhere" Gott gewidmet. Im Booklet schreiben sie: Tiefsten Dank an den Einen, der sät, gießt und alle Dinge wachsen läßt / Dank an Ihn, in dem alle Dinge ihr Ziel finden

Clarke Isaac Hanson

Spitzname	Ike oder Ikey-Poo (was er gar nicht gerne mag)
Geburtsdatum	17. November 1980
Sternzeichen	Skorpion
Geburtsort	Tulsa, Oklahoma
Augenfarbe	Blau (Laut offizieller Hanson-Homepage sollen sie braun sein, sind sie aber nicht!)
Haarfarbe	Blond
Grösse	1,79m
Gewicht	59 kg
Schuhgrösse	14 (USA)
Lieblingsfarbe	Grün
Instrument	Gitarre (kann aber auch Keyboards spielen); Sänger
Charakter-eigenschaften	Ike ist ein hoffnungsloser Romantiker und ist überraschend schüchtern Mädchen gegenüber. „Ich glaube nicht, daß ich ein Mädchen so einfach anquatschen könnte, und wüßte nicht, was ich einem Girl sagen sollte, wenn es mich anspricht." Auch sonst ist Isaac ein

eher stiller Typ. Er ist Perfektionist. Alles muß stimmen. Um das zu erreichen, kann er viel, viel Zeit opfern. Isaac kontrolliert vor jedem Auftritt, ob alle Instrumente angeschlossen sind. Er ist auch der Ausgewogenste der drei, deshalb fühlt er sich trotz seiner Schüchternheit oft als Sprecher der Band. Ike hat trotz der Zahnspange (!!!) das netteste Lächeln der drei Brüder. Nur eines kann er überhaupt nicht leiden - wenn ihn sein Bruder Zac „Ikey-Poo" nennt. Da platzt ihm regelmäßig der Kragen. Aber nie lange.

Hobbies	Komponieren und Gedichte schreiben, ins Kino gehen, Laser Quest. „Ich würde auch gerne Gitarren sammeln, aber dazu bin ich noch nicht gekommen. Vielleicht bald mal!"
Sportarten	Street Hockey, Inline Skating, Basketball, Fußball
Lieblingsbeschäftigung	„Ich sitze gerne stundenlang am Klavier und komponiere Songs. Außerdem schreibe ich gerne Gedichte."
Lieblings-Stars	Arnold Schwarzenegger, Mel Gibson, Harrison Ford
Lieblingsfilme	Blues Brothers, Star Wars 1-3, Airforce One, Men in Black
Lieblingsmusiker	Alanis Morrisette, Billy Joel, Blues Traveler, Counting Crows
Lieblings-CD	„River of Dreams" von Billy Joel

Lieblingsessen	Lasagne, Steak und Spaghetti
Lebensziel	„Mit meiner ganzen Familie immer glücklich und zufrieden zu sein."
Besonderheiten	Trägt eine Zahnspange. Ist Rechtshänder
Schlimmste Unart	Fingernägelkauen

Jordan Taylor Hanson

Spitzname	Tye oder Tay
Geburtsdatum	14. März 1983
Sternzeichen	Fisch
Geburtsort	Tulsa, Oklahoma
Augenfarbe	Blau
Haarfarbe	Blond
Grösse	1,70m (wuchs 10 cm im letzten Jahr)
Gewicht	53 kg
Schuhgrösse	13 (USA)
Lieblingsfarbe	Rot
Instrument	Gitarre und Keyboard
Charakter- eigenschaften	Taylor ist der absolute Mädchenschwarm der drei Brüder. Deshalb bekommt Taylor auch die meisten Liebesbriefe der drei Brüder. Er sieht ein wenig aus wie Paddy Kelly, obwohl Hanson den Vergleich mit der Kelly Family gar nicht gern hören. Taylor sieht einfach unglaublich gut aus. Manchmal wird er sogar für ein Mädchen gehalten. „Das macht mir nichts aus!" sagt er. „Ich habe damit über- haupt kein Problem. Im Gegenteil, ich finde

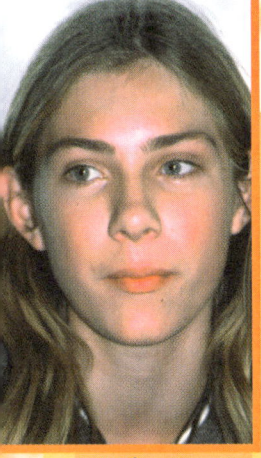

es lustig." Er ist der ruhigste und zurückgezogenste der drei Brüder. Er ist schüchtern, fast scheu und romantisch. Taut nur auf, wenn er sich mit seinen Brüdern kabbelt (was er sehr gerne macht) oder wenn er über Musik spricht. Taylor ist der Friedensstifter. Und er ist unheimlich freiheitsliebend. „Meine Freiheit geht mir über alles!"

Hobbies	Zeichnen, Tay ist ein unglaublich talentierter Zeichner, am liebsten Comics; Computer; Filme machen. Hanson hoffen, eines Tages in nicht allzu ferner Zukunft einen Trickfilm zu produzieren. „Mit unseren eigenen Zeichnungen!" schwärmt Taylor. Allerdings haben die Jungs für eine so zeitraubende Arbeit im Augenblick überhaupt keine Muße.
Sportarten	Street Hockey, Inline Skating, Go-Kart-Fahren
Lieblingsbeschäftigung	Musik anhören, Musik komponieren, singen, eigentlich alles, was mit Musik zu tun hat.
Lieblings-Star	Tom Cruise
Lieblingsfilme	Men in Black, Star Wars
Lieblingsmusiker	No Doubt, Natalie Merchant, Aerosmith, Spin Doctors, Cardigans, und „eine ganze Menge unterschiedlicher Leute".
Lieblings-CD	Hört im Augenblick so viele CDs, daß er gar keine Zeit für eine Lieblingsplatte hat.
Lieblingsessen	Mesquite-Hähnchen mariniert in Zitronen-

Sauce; ein großes Steak; Burritos; ein über-
riesiger Vierfach-Burger mit tonnenweise
Käse und massig Zeug drauf, dazu Pommes
frites.

Lebensziel „Ich kann mir nur vorstellen, weiter mit meinen Brüdern Musik zu machen."

Besonderheiten Entwarf die offizielle WebSite „Hansonline".
Linkshänder, hat einen Zopf unter seinen
Haaren.

**Schlimmste
Unart** Wie sein Bruder Isaac - Fingernägelkauen.

Zachary Walker Hanson

Spitzname Zac

Geburtsdatum 22. Oktober 1985

Sternzeichen Waage

Geburtsort Arlington, Virginia

Augenfarbe Blau

Haarfarbe Blond

Grösse 1,54 m (wächst nicht so schnell wie Bruder
Taylor, aber kommt sicher noch auf die richtige Größe)

Gewicht 45 kg

Schuhgrösse 8 (USA)

Lieblingsfarbe Blau

Instrument Schlagzeug; singt back-up

**Charaktereigen
schaften** Zac ist das Nesthäkchen und der Verrückteste
der drei, kann keine Sekunde stillsitzen. Er
ist aber auch der Lustigste, der absolute

Clown, immer zu Späßen aufgelegt. „Ich brauche ständig Action!" sagt er über sich. Er ist aber auch der Willensstärkste der drei Brüder. Alles muß immer nach seinem Kopf gehen, und wenn er einmal Widerstand spürt, kann er ganz schön „bossy" werden. Seine Brüder meinen, daß Zac eine gespaltene Persönlichkeit ist. Eine Minute kann er in einer Geschäftsbesprechung unheimlich ruhig und konzentriert mitarbeiten, die nächste Sekunde - wenn er denkt, es sei alles geklärt! - explodiert er wieder mit der Gewalt einer Landmine. Seine Lieblingswörter sind Unaussprechliches wie „Cccrgghurtsch!" oder KapppauuBamm!", manchmal aber nur „Urrrggh!", wenn ihm mal wieder etwas nicht paßt. Außerdem hat er sich in letzter Zeit angewöhnt, bei jeder passenden oder unpassenden Gelegenheit zu rülpsen. „Das ist ganz einfach!" erklärt er jedem gern. „Du schluckst ziemlich viel Luft runter, dann hältst du es unten, bis du glaubst, du platzt, und dann.....ummmmbjaarggbrrrooogggghhh-hhhh!!!!

Hobbies Zeichnen, sammelt Flaschenkorken und Legosteine. Laut Isaac ist Zacs Lego-Sammlung „absolut riesengroß" ! In Wirklichkeit besteht die Sammlung aus vier Plastikkisten in der Größe von

Kinderbadewannen. Das größte Gebäude, das Zac (mit Hilfe seiner beiden Brüder) gebaut hatte, war ein Schloß, das die Hälfte des elterlichen Wohnzimmers einnahm. Der Bau benötigte laut Taylor sechs Monate. Zac protestiert lautstark, es seien höchstens drei Monate gewesen. „Und wir hätten nie soviel Zeit gebraucht, wenn wir nicht ständig hätten verreisen müssen."

Außerdem ist Zac ein Meister in Video-Games. „Als er drei Jahre alt war, konnte er schon jedes Video-Game schlagen", behauptet Isaac. Besonders gut ist Zac mit dem Spiel „Ninja Turtles", das er in Trinidad lernte. Außerdem sammelt Zac Trommelstöcke und liest unheimlich gerne Comics.

Außerdem ist Zac ungekrönter Weltmeister im Nachmachen von 'Beavis & Butthead'. Und und und… Wahrscheinlich könnte man die Liste unendlich fortsetzen, würde man all das hinzufügen, was Zac sonst noch alles interessiert.

Sportarten Inline Skating, Basketball, Fußball
Lieblingsbeschäftigung „Alles, was Krach macht!"

Lieblings-Star Val Kilmer
Lieblingsfilme Edward mit den Scherenhänden, Star Wars, Batman

Lieblings-musiker	Aerosmith, Cardigans, No Doubt
Lieblings-CD	„Was ist eine CD?"
Lieblingsessen	Wackelpudding, Tex Mex (das ist eine Mischung aus mexikanischer und texanischer Küche), Pommes frites mit Ketchup
Lebensziel	„Noch lauter zu werden! Yeaaahhhhh!"
Besonderheiten	Linkshänder; trägt bei jedem Auftritt eine neue Frisur.
Schlimmste Unart	Zac rülpst gern (siehe oben) und bohrt in der Nase. „Nööö, mach' ich nicht!" protestiert Zac. Seine Brüder stecken sich zur Antwort beide Finger in ihre Nasenlöcher.

20 (1/2) Fragen an Hanson

Wie fühlt man sich als Superstar?

Taylor: „Keine Ahnung! Frag doch einen!"

Okay, bessere Frage: Seid ihr von eurem Erfolg überrascht worden?

Isaac: „Überrascht? Definitiv überrascht! Ich finde es ungemein cool, daß wir es geschafft haben! Es ist einfach irre!"

Taylor: „Ja, stimmt schon. Aber seltsamerweise fühle ich mich heute auch nicht sehr viel anders als vor einem halben Jahr!"

Zachary: „Weil wir ständig unsere Familie um uns rum haben, hat sich eigentlich gar nicht viel verändert. Mom und Dad behandeln uns heute genau wie früher."

Taylor: „Na ja, nur die Babes sind cooler, oder?"

(Alle drei prusten los)

Was ist das beste daran, einen Nummer-Eins-Hit zu haben?

Zachary: „Tonnenweise Girls!"

Isaac: „Das Gefühl zu haben, von den Fans geliebt zu werden, ist toll, obwohl ich ja weiß, daß es mehr Bewunderung ist als Liebe. Trotzdem."

Taylor: „Wir können jetzt musikalisch mehr wagen. Wir wissen, daß wir es wieder schaffen können. Aber es ist auch ziemlich viel Druck dahinter - was ist, wenn unser nächstes Album nicht erfolgreich wird. Bleiben uns unsere Fans treu?"

Behandeln euch die Leute heute anders?

Taylor: „Wenn sie das tun, sagen wir, bitte nicht!"

Zachary (schreit): „Bitte behandelt mich wie einen normalen Menschen!"

Isaac: „Unsere alten Freunde finden es cool, daß wir berühmt sind. Sie kommen zu uns nach Hause in Tulsa, sagen: 'Hey, toll, ihr wart im Fernsehen. Was machen wir heute nachmittag?'"

Wenn ihr nicht in einer Band namens Hanson spielen würdet, was würdet ihr dann gerne tun?

Taylor: „Wir spielen zusammen, seit wir denken können. Ich kann mir gar nicht vorstellen, irgend etwas anderes zu machen. Aber wenn ich es mir aussuchen müßte, würde ich vielleicht ganz gerne Innenarchitekt. Ich richte unheimlich gerne Räume ein."

Zachary: „Keine Ahnung. Auf jeden Fall würden wir es wohl viel ruhiger angehen!"

Isaac: „ Ich fühle wie Tay – es ist absolut undenkbar, nicht in unserer Band zu spielen. Ich wäre einfach nicht ich. Aber auf jeden Fall müßte es etwas mit Musik zu tun haben. Ich könnte mir vorstellen, Songs für andere Musiker zu schreiben."

Was ist das größte Gerücht über Hanson, das nicht stimmt?

Taylor: „Als wir 'Middle of Nowhere' aufnahmen, kam ich in den Stimmbruch. Unser Produzent Steve Lironi konnte drumherum arbeiten, das ging ganz okay, und ich nahm dann auch noch extra Gesangsstunden. Aber auf einmal tauchte in der englischen Presse das Gerücht auf, ich hätte Krebsknoten im Hals. Das ist natürlich absolut idiotischer Unsinn!"

Isaac: „Unsere Freundschaft mit Beck! Unsere Produzenten, die Dust Brothers, hatten für Beck an dessen Album 'Odelay' gearbeitet. Beck heißt mit vollem Namen Beck Hansen mit einem 'E'. Und die Dusters sagten im Scherz, sie würden jetzt nur noch mit Hansons arbeiten. Daraus entstand dann das Gerücht, wir wären enge Freunde von Beck. Ich finde Becks Musik toll, aber wir haben ihn zum erstenmal bei den MTV Awards im Juni getroffen."

Zachary: „Daß Ikey-Poo ein Verhältnis mit Pamela Anderson hat. Er steht nämlich auf sie!" („Tu' ich nicht!" schreit Ike. „Und nenn mich ja nicht wieder Ikey-Poo!")

In welchem Alter habt ihr euren ersten Song geschrieben?

Isaac: „Ich war gerade acht Jahre alt geworden."

Zachary: „Ich glaube, ich war sechs oder sieben Jahre alt!"

Taylor: „Ich kann mich wirklich nicht mehr daran erinnern, aber es wird wohl auch so um die acht oder neun Jahre gewesen sein."

Wie viele Songs habt ihr bis heute denn schon geschrieben?

Isaac: „Puuuh! Das ist sehr schwer zu sagen. Ich schätze mal, bis heute sind es weit über zweihundert."

Zac: „Ich glaube, es sind ein paar Dutzend mehr!"

Taylor: „Wir haben ja alle noch irgendwo rumliegen. Wir sollten sie wirklich mal zählen!"

Wie oft seid ihr aufgetreten, bis ihr euren Plattenvertrag unterzeichnet hattet?

Taylor: „Das ist ja noch schwerer! Dreihundertmal, schätze ich so über den Daumen!"

Warum ist Zac so verrückt?

Zachary: „Alles andere wäre doch langweilig. Jeder kann sich so doof aufführen wie Oasis. Ich liebe Musik, das ist jetzt mein Job, und deshalb will ich Spaß dabei haben. Außerdem, ich bin doch erst zwölf."

Zachary, wie oft wechselst du deine Frisur?

Zachary: „Ich hatte mal versucht, zu jedem Auftritt eine andere Frisur zu tragen, manchmal Dreadlocks wie die Jungs aus Trinidad, manchmal nach hinten gebunden. Vor kurzem hatten wir auch alle die Haare an den Seiten rasiert. Aber das lassen wir wieder auswachsen. Heute bevorzuge ich übrigens lang, schulterlang, nach dem Motto 'freier Fall'!"

Was war das Verrückteste, das ihr jemals gemacht habt?

Isaac: „Das kann jetzt aber dauern!"

Zachary: „Als wir unseren Vertrag bekamen, sind wir ins Büro eines der Chefs von Mercury gegangen und haben Wasserballons auf die Leute auf der Straße geworfen. Mitten in New York."

Taylor: „Der Sprung in den Pool der Dust Brothers mit allen unseren Klamotten an war auch nicht schlecht."

Zachary: „Ja, vor allem, weil wir danach weiter am Video drehen mußten, und ich mußte mit den nassen Shorts hinters Schlagzeug! Das war sehr cool!"

Isaac: „Supercool! Wir sagten dem Kamerateam, wartet erst mal 'ne Viertelstunde, Zacs Hosen sind naß!"

Was stört dich an dir selbst am meisten?

Taylor: „Ich sage viel zu oft 'cool!'. Das geht mir schon langsam selbst auf die Nerven. Außerdem trommele ich immer mit den Fingern auf etwas herum. Das treibt alle anderen in den Wahnsinn."

Isaac: „Ich knabbere ständig an meinen Fingernägeln herum. Tay macht das übrigens auch. Das haben wir von unserem Dad. Aber das stört beim Gitarrespielen natürlich tierisch! Ja, und außerdem sage ich auch viel zu oft 'cool'!"

Zachary: „Ich habe keine Fehler!" (Wütendes Aufheulen der Brüder im Hintergrund.) „Okay, okay, ich kann nicht lange ernst und bei der Sache bleiben, außer wenn ich hinter den Drums sitze. Ich habe viel zu viel Energie."

Was ist dein größter Wunsch im Augenblick?

Isaac: „Daß unsere Familie immer zusammenbleibt. Es ist ein so unglaubliches Gefühl zu wissen, daß man - egal, was man tut - immer seine Familie im Rücken hat!"

Taylor: „Ja, für mich auch. Aber als zweites wünsche ich mir auch, daß unsere Fans uns weiter unterstützen und uns treu bleiben. Und daß wir noch viele Jahre Musik machen können."

Zachary: „Um ehrlich zu sein, ich wollte mir neulich in Los Angeles einen Ring durch den Nabel ziehen lassen, aber Mom hat das absolut verboten!"

Wie habt ihr eure Zimmer eingerichtet?

Isaac: „Wir wohnen in einem Zimmer, das ist nicht besonders groß, vielleicht 15 oder 20 Quadratmeter. Und es ist immer unaufgeräumt."

Taylor: „Ja, unsere Mom ist manchmal richtig sauer."

Zachary: „Tay und ich schlafen in einem Etagenbett, ich schlafe natürlich oben!"

Isaac: „Und an den Wänden kleben alle Zeitungsartikel, die wir über uns finden konnten."

Zachary: „Die Wände sind mindestens schon einen halben Meter dicker geworden."

Was tut euch weh?

Isaac: „Wenn Leute, die uns überhaupt nicht kennen, von uns behaupten: 'Oh, schau dir die Hansons an! Sie haben sich verändert, seit sie Erfolg haben!' Das finde ich mies. Aber das muß man hinnehmen, denke ich."

Taylor: „Aber ich mache mir manchmal schon Gedanken darüber."

Zachary (rennt mit dem Kopf gegen die Wand): „Das tut weh!"

Auf allen euren Reisen, wo hat es euch bisher am besten gefallen?

Isaac: „Italien war obercool! Ich stehe sehr auf italienisches Essen. Und England."

Taylor: „Ich fand Deutschland sehr interessant, weil dort alles so verschieden ist, Japan und Deutschland waren sehr interessant. Aber am besten gefällt es mir auf Bali!"

Zachary: „England, definitiv England. Sehr cooles Land, und London, die coolste aller Städte."

125

Was macht ihr jetzt mit eurem vielen Geld?

Taylor: „Hey, ein Porsche wär' nicht schlecht!"

Zachary: „Du hast ja noch nicht mal 'nen Führerschein, was willst du mit einem Porsche?"

Taylor: „Na ja, ein Porsche wär' schon toll. Aber was passiert, wenn deine Karriere mal vorüber ist? Dann mußt du in deinem Porsche schlafen!"

Zachary: „Da wünschst du dir dann, du hättest einen Bus gekauft."

Isaac: „Ich glaube, man sollte vernünftig sein. Ich würde Geld in ein eigenes Studio investieren."

Was würdet ihr euch jetzt kaufen, wenn ihr nur 50 Mark in der Tasche hättet?

Taylor: „Könnte ich etwas mehr haben? Bitte?"

Zachary: „Ich würde mir einen 'Virtual Boy' kaufen, das ist ein Videospiel. Halt mal! Reichen da 50 Mark?"

Isaac: „Ich würde ein süßes Girl einladen, sie zum Essen ausführen, 'ne coole Party feiern."

Zachary: „All das mit 50 Mark?"

Vor was habt ihr Angst?

Taylor: „Als ich in den Stimmbruch kam, dachte ich ehrlich, ich würde meine Stimme verlieren. Das war ziemlich heavy."

Isaac: „Daß unserer Familie irgend etwas zustoßen könnte!"

Zachary: „Davor, daß ich nächstes Jahr dreizehn werde!"

Prügelt ihr euch manchmal?

Isaac: „Aus Spaß ringen wir manchmal, aber das ist immer nur aus Jux."

Zachary: „Ich hab' es ihnen abgewöhnt; nachdem sie so oft verloren hatten, wollten sie nicht mehr."

Taylor und Isaac stöhnen an dieser Stelle wieder einmal verzweifelt auf. Was soll bloß aus ihrem kleinen Bruder einmal werden, wenn er nichts als Unsinn im Kopf hat? Nun, es ist anzunehmen, daß sie sich weder um Zachary noch um die Zukunft von Hanson Sorgen machen müssen. Es ist mehr als wahrscheinlich, daß von beiden noch sehr, sehr viel zu erwarten ist – und zwar nur das Beste!

Antworten zum Hanson Fan-Test

1.) Tulsa 2.) Arkansas River 3.) NeoFest in Tulsa, 1992
4.) Ohne Instrumentalbegleitung 5.) Zac 6.) Rasen mähen
7.) Vom Speicher eines Nachbarn 8.) Sieben 9.) Tay und Zac
10.) Mit einem neuen Song, MMMBop 11.) Jessica, Avery,
Mackie 12.) Blau 13.) Pazifischer Ozean 14.) Steel Drums
15.) Virginia 16.) Tay 17.) Ikey-Poo 18.) Isaac 19.) Zac, am
Schlagzeug 20.) Fisch 21.) Fingernägelkauen 22.) Ninja Turtles
23.) Okie-Land 24.) Würstchen 25.) Street Hockey 26.) Zac
27.) Sein rotes Megaphon 28.) Wasser 29.) Zac 30.) Middle of
Nowhere 31.) Keine, sie werden zu Hause von ihren Eltern
unterrichtet 32.) Karate 33.) Laut sein 34.) Tom Cruise
35.) Tay 36.) Zac und Tay

37.) **Jede** Antwort ist **goldrichtig!!!**